Confissões de um seminarista apaixonado

José Pedro Domezi

Copyright© 2018 by Literare Books International.
Todos os direitos desta edição são reservados à Literare Books International.

Presidente:
Mauricio Sita

Capa e Diagramação:
Lucas Chagas

Revisão:
Beatriz Francisco

Gerente de Projetos:
Gleide Santos

Diretora de Operações:
Alessandra Ksenhuck

Diretora Executiva:
Julyana Rosa

Relacionamento com o cliente:
Claudia Pires

Impressão:
Powergraphics

Dados Internacionais de Catalogação na Publicação (CIP)
(Câmara Brasileira do Livro, SP, Brasil)

Domezi, José Pedro
   Confissões de um seminarista apaixonado / José
Pedro Domezi. -- São Paulo : Literare Books
International, 2018.

   ISBN 978-85-9455-056-9

   1. Carreira profissional - Mudança 2. Experiências
de vida 3. Histórias de vida 4. Memórias 5. Mudanças
de vida - Acontecimentos 6. Superação I. Título.

18-13453   CDD-869.803
            Índices para catálogo sistemático:

   1. Experiências de vida : Memórias : Literatura
      brasileira 869.803

Literare Books
Rua Antônio Augusto Covello, 472 – Vila Mariana – São Paulo, SP.
CEP 01550-060
Fone/fax: (0**11) 2659-0968
site: www.literarebooks.com.br
e-mail: contato@literarebooks.com.br

Apresentação

As pessoas da minha geração passaram por grandes transformações sociais, culturais e econômicas. Nascemos e fomos criados em ambientes em que não havia luz elétrica, nem rádio, televisão, computador, jogos eletrônicos, aparelhos telefônicos celulares, internet e tantos outros recursos que facilitam e ao mesmo tempo transformam os costumes. Hoje há coisas com as quais jamais sonharíamos e que surgiram com uma velocidade que nos deixa atônitos. A vida era simples, dura, sem dinheiro e sem tantas outras comodidades. Mas era mais segura do que agora. Os princípios morais, o bom comportamento, o respeito ao próximo e aos mais velhos, o amor à pátria e a noção de certo e errado eram transmitidos aos filhos, com métodos que hoje não seriam aceitos, mas que faziam com que a vida em sociedade fosse menos controlada pelo estado e pela mídia, porém mais humana.

Quando digo aos meus filhos que no meu tempo as coisas eram diferentes, eles riem, dizendo que isso era "no seu tempo", dando ênfase ao "seu". Por isso foi crescendo em mim a ideia de escrever algumas memórias, tentando mostrar a forma como a vida era encarada e enfrentada, a linguagem e os costumes da época, a forma de vida dos descendentes de emigrantes italianos, sua coragem, seu destino. Não poderia deixar de mostrar alguns aspectos da vida em seminários religiosos, que mesmo adotando métodos e disciplina hoje inaceitáveis, constituiu uma fonte preciosa de formação humana, a quem eu devo muito do que sou. O início de vida na metrópole ainda hoje pode apresentar as mesmas dificuldades pelas quais passei, além de outras que são novas. Não tive preocupação com a cronologia exata dos acontecimentos. Foi omitido ou alterado o nome de algumas pessoas para evitar qualquer espécie de constrangimento. Escrevi fatos da minha vida porque são os que melhor conheço, reconhecendo que qualquer um dos meus irmãos e irmãs poderia e pode escrever nossas memórias, do seu ponto de vista e de maneira mais apropriada.

Não houve muita preocupação com estilo ou correção, apenas com o relato de situações vividas e observadas.

Agradeço a colaboração de todos os meus irmãos e irmãs que sempre ajudaram a manter viva a memória dos fatos, muitos dos quais não presenciei ou vivenciei por estar distante.

Um

nquanto Rosina preparava a janta, pensava na vida. Trabalhar na roça até às cinco, voltar para casa sozinha, cuidar para que as crianças se lavassem na mina, fazer a comida. Se ao menos pudesse preparar uma refeição decente, seria mais interessante, mas era sempre assim: arroz com pouca banha, feijão e ovos, ou batatas fritas, ou alguma verdura colhida na horta. Às vezes não havia feijão, outras não havia ovos ou batatas e nem mesmo abobrinha. Era preciso improvisar a "mistura", como, por exemplo, colher pontas de ramas de abóbora ou correr até o brejo para procurar algum pepino perdido na plantação de arroz, enquanto vasculhava as touceiras de capim barba-de-bode em busca de algum ninho de galinha.

Sua figura ao lado do fogão a lenha não era animadora: vestido sujo da lida na roça, braços arranhados pelo serviço de apanhar café, mãos calejadas, rosto queimado de sol e já sulcado pelas rugas, pés descalços, calcanhar rachado. Não tinha tempo para cuidar de si. Com apenas trinta e poucos anos, já tinha seis filhos.

Não estava arrependida de ter-se casado com o Andó. Sua mãe sempre havia sido contrária ao casamento. O Andó era um pé-rapado, um tocador de sanfona que não tinha futuro – dizia a mãe. Rosina podia escolher um moço melhor, filho de algum sitiante ou até de algum fazendeiro. Mas, naqueles tempos, os contatos eram limitados praticamente aos vizinhos, salvo em raras ocasiões em que se ia a algum baile ou festa de casamento. De qualquer forma, ela gostava do Andó. Apaixonou-se por ele, vendo-o tocar sanfona. Com o queixo apoiado na borda superior da sanfona de oito baixos, ele tocava com a alma e olhava daquele jeito para ela. Afinal de contas, era trabalhador, amava os filhos e nunca bateu nela. Bebia um pouco nos domingos e gostava de jogar no bicho, mas não maltratava os filhos e não perdia um dia de serviço na roça.

Esperava conseguir na vida aquilo que seus pais conseguiram. Ter um sítio e plantações suficientes para criar os filhos e dar-lhes mais estudo do que ela tivera, já que não havia terminado sequer o primeiro ano do ensino básico. Naquele tempo, era normal as crianças apenas aprenderem a ler, escrever o próprio nome e fazer contas de somar, diminuir, multiplicar e dividir. Não havia escolas nas proximidades, e muitas vezes esse pequeno aprendizado era feito em casa. Depois disso, era preciso ajudar na roça, porque sempre havia outros filhos pequenos para criar. Era comum ter muitos filhos. Quanto mais filhos, mais roça de café poderia ser tratada. Seus pais vieram da Itália, trabalharam duro até conseguirem comprar umas terrinhas, e acabaram por adquirir um sítio de alguns alqueires no bairro da Ave Maria. Não se lembrava de ter passado fome de verdade.

Seu sonho ainda estava longe de se concretizar. A vida de colonos, cuidando do cafezal dos fazendeiros da região, não lhes permitia qualquer economia. Pelo contrário, trabalha-se para comer. Às vezes, para comprar algum remédio para uma criança doente, era preciso pedir dinheiro emprestado ao nono. Não havia férias, nem gratificação natalina, décimo terceiro salário, horas extras, Fundo de Garantia por Tempo de Serviço, semana de cinco dias, convênio médico ou qualquer outro benefício trabalhista ou previdenciário.

Rosina assoprou o fogo e esfregou as mãos. Fazia frio. A lenha não queimava direito, seus olhos ardiam e a fumaça espalhou-se pela cozinha, subindo até o teto sem forro, onde as telhas de barro estavam enegrecidas.

Pendiam do telhado dois pedaços de arame grosso, que serviam para pendurar alguns utensílios de cozinha. Havia uma fresta entre o telhado e as paredes de madeira, onde eram guardados alguns pedaços de sabão em pedra que a Rosina fabricava aos domingos, com barrigada de porco ou com o "leite" extraído dos pinhões que as crianças procuravam nas quiçaças. Ali se guardavam também algumas latinhas com pregos enferrujados, um martelo, um pé de ferro e algumas ferramentas pequenas. Sobre a chapa do fogão a lenha, havia uma panela, um caldeirão e uma chaleira, tudo de ferro fundido. Encostada ao fogão, uma bacia de lata de tamanho médio, que servia para as pessoas lavarem o rosto e os pés ao voltarem da roça, e uma bacia maior, para o banho aos sábados. Pendurados na parede, um saleiro, uma concha, uma espumadeira e uma frigideira de ferro. No lado oposto, encostada à parede, uma pequena mesa de madeira sem cadeiras e um moinho de moer café. Atrás da porta, um feixe de lenha. Nos fundos, uma prateleira com latinhas, canecas e pratos, tudo feito a partir de latas de marmelada, sardinha ou extrato de tomate, chamada de "guarda-comidas".

Rosina assoprou novamente o fogo e enxugou os olhos com o dorso da mão, porque a fumaça lhe enchia os olhos de lágrimas. Colocou na panela de arroz um pouco da água quente que fervia na chaleira.

Lá fora o vento assoprava e gemia, penetrando por debaixo da porta e pelas frestas das paredes, varrendo o chão de tijolos sem qualquer revestimento. Uivos tristes e prolongados ecoavam nos lados do brejo. Ouviam-se alguns berros dos bezerros do patrão, já presos na cocheira. A noite já ia chegar.

Dois

Quando o sol da tarde já começava a sumir na linha do horizonte, Andó recostou na perna direita sua peneira de abanar café, tirou da cabeça o chapéu de palha de aba larga e enxugou o suor da testa com a manga da camisa. Seu rosto estava todo coberto de poeira avermelhada. Ao redor dos olhos havia como que um par de óculos de coloração menos intensa, onde a poeira assentou menos. Caminhou alguns metros pela rua do cafezal, abaixou-se e apanhou a moringa de água. Tomou uns goles, fez barulho com a garganta para limpar o pó, caminhou mais um pouco e chamou as crianças para irem embora.

— *Pur* hoje chega. *Vam'bora.*

— Hoje rendeu, *né* pai? – Perguntou o Mauro, sempre interessado em que o serviço fosse produtivo.

— *Mai o meno*. Deu uns *trei saco* e meio. Amanhã deve *rendê mai. Si continuá ansim, drento* de uns dois *meis nói termina* a *coieta*.

A organização para a colheita do café era assim: a Laura, o Mauro e eu fazíamos o serviço de "apanhação" do café, ou seja, bater nos galhos com uma varinha para derrubar no chão os grãos secos e maduros, puxar com a mão, rama por rama, os grãos que não haviam caído, jogando-os no chão. Depois de derrubados todos os grãos, usando uma escadinha para os galhos mais altos, entrávamos debaixo da "saia" do pé de café e limpávamos o tronco com as mãos, afastando todas as folhas secas e restos de ramagem. Em seguida, com um rastelo, puxávamos todos os grãos de café misturados às folhas secas e à terra, juntando-os no meio da "rua". Separávamos as folhas e ciscos, utilizando o rastelo e os pés, para deixar apenas um montinho de café pronto para ser abanado com a peneira. A abanação era feita pelo pai, pela mãe e às vezes a Laura, que era a mais velha. Havia dias em que todos nos dedicávamos à apanhação, para em seguida o Mauro e eu fazermos a rastelagem, enquanto os outros abanavam. A época da colheita do café era a mais sacrificada, pois quando o dia começava a clarear, as pessoas já estavam na roça, depois de haver tomado um pouco de café puro. Tomávamos café, preparado pelo pai no fogão a lenha, onde esquentávamos as mãos e recebíamos um pouco de calor no rosto. Por volta das nove horas da manhã, a Rosina também ia para a roça levando o almoço em dois caldeirões envoltos num pano branco, e consistia em arroz ou "subioti" (uma espécie de macarrão que podia ser usado para sopa, mas que costumávamos comer cozido na água com sal e um pouco de gordura de porco) e feijão, além da mistura, como ovo, ou batatas, ou abobrinha frita. Juntamente com o almoço, levava-se também a "janta" do meio-dia. Comia-se frio. Levava-se também uma garrafa de café puro e um pedaço de pão seco para o lanche da tarde. O Mauro e eu íamos a pé para a escola de manhã, que ficava na vila Ayrosa, distrito de Potunduva, distante seis quilômetros. Voltávamos para casa pouco depois do meio-dia, comíamos a "janta" que a mãe havia deixado em cima do fogão e também íamos para o cafezal.

Antes de voltarmos da roça, ainda tínhamos o trabalho de catar lenha, procurando galhos secos, para serem queimados no fogão. Também procurávamos algumas ramas de beldroega (que chamávamos de 'bordoega") ou caruru, para alimentar o porco que estava na ceva. Só comíamos carne quando matávamos o porco, ou quando algum vizinho o fazia, pois era costume levar um pedaço de carne a várias casas da colônia, quando alguém matava o porco da engorda.

Os rastelos e peneiras eram deixados na roça, escondidos debaixo de algum pé de café. Voltávamos para casa, carregando a moringa de água, os caldeirões de comida vazios, as ramas de beldroega ou caruru e os feixes de lenha.

Três

— Que vento, *né* comadre?! – Era Tonha, a vizinha da primeira casa da colônia, que apontava o rosto na janela da cozinha.

- É sim. *Ansim* a gente nem pode *fazê* comida *dereito*, de tanta fumaça.

— Na época de *coieta* parece que a lenha *num* arde, *né memo* comadre?

— É uma *luita*! A gente levanta cedo, arruma os *fiyo pa* i *pa iscola*, começa a *fazê* o *armoço* e quando vê já é *quaje* nove *hora*.

— É *memo, né* comadre? *Mai* já *tava m'isquecendo*. Será que a *siora num* tem um *cumprimido* pra *imprestá*? O Tuniquinho *num dá sussego*. Chora na roça, *debaxo* dos *pé di* café, chora em casa, chora *di* noite... Já levei *benzê*... Num sei *mai* o que *fazê*.

— O chá de *cedrera num resorveu*?

— Quê! Num *diantô* nada. Si *num miorá, vô tê* que *perdê* dia *pa levá ele* na farmácia.

— Deus o livre de farmácia, comadre! A gente *num* ganha *pa pagá* os *remédio*. Os *preço* tá os *óio* da cara. E às *vei* os *remédio num dianta* nada.

Enquanto Rosina procurava um "Melhoral" na gaveta da sala, entrou em casa a Lila, a cadela que acompanhava os meninos a todo lugar em que iam, inclusive na roça. Era sinal que a turma já estava chegando do cafezal.

— Só tenho *Miorar*, comadre. *Ispero* que sirva.

— *Si num servi, vô mandá benzê* o *minino di* novo. Acho que ele tá *cum quebrante*. *Inté* logo, comadre. E que Deus lhe pague.

— *Inté*, comadre. Boas *noite*! – E pensou: "Que Deus me pague, porque ela eu sei que não vai *pagá* nunca".

Mal a Tonha se afastou, entrou a Laura pela porta da

cozinha. Deu um suspiro de cansaço e entrou no quarto para tirar as perneiras sujas. Na cabeça, envolta num pano branco que caía para trás, trazia um chapéu de palha de abas largas. Seu rosto arredondado trazia fadiga e vivacidade ao mesmo tempo. Laura era inteligente, esperta e aos treze anos já trabalhava como adulta. Tivera que deixar a escola quando estava no terceiro ano do ensino básico. Até então, íamos à escola os três irmãos mais velhos, ela, o Mauro e eu. Andávamos a pé cerca de três quilômetros, nos três primeiros anos e seis quilômetros no quarto ano, cruzando fazendas e sítios, para chegar à escola mista rural, onde lecionava uma professora que vinha de Jaú, distante uns doze quilômetros. No caminho para a escola, passávamos debaixo de mangueiras e outras plantas frutíferas, mas só pegávamos alguma fruta, mesmo que do chão, quando os donos nos autorizavam. A professora vinha de ônibus, que na época chamávamos de jardineira, até um determinado ponto na estrada, onde a esperava um senhor que fora contratado para trazê-la de charrete. Era uma professora brava, que nos fazia decorar as lições da cartilha Sodré. Até hoje me lembro da primeira lição: "A pata nada. Pata pá; nada na. Papa pata; pata pa; nada na." Chamava-se Dona Maria. Muitas vezes, no recreio, cantávamos: "ao meio-dia, o macaco assobia, fazendo careta pra Dona Maria". Costumava dar castigo para os alunos, colocando-os sentados na mesma carteira onde se sentava uma das quinze filhas do Marcondes. Essa menina era quietinha, mas tinha fama de ter muitos piolhos, de tal forma que sentar-se a seu lado era de fato um castigo rigoroso, pior do que ficar de joelhos no canto da sala.

Na época, não entendi muito bem por que a Laura teve que sair da escola, já que ia tão bem. Explicaram-nos que para o pai poder pegar 6.000 pés de café para tratar, precisava da ajuda dela, e que a mãe também precisava dela em casa, para ajudar a cuidar

Confissões de um seminarista apaixonado

das crianças pequenas. Essa foi uma das coisas com as quais não me conformo até hoje, porque ela, com sua inteligência, poderia ter continuado os estudos e ter melhores oportunidades na vida.

— Laura, vai *vê* se as *criança* já *si lavaro*. – Era Rosina que ainda lidava com a panela, o caldeirão de feijão e a chaleira no fogão. Ela ainda não tivera tempo de lavar-se, o que o faria no escuro, somente quando os filhos já estivessem na cama. Os banhos só eram tomados aos sábados à tarde, em bacias que eram colocadas nos quartos.

Laura fez com que os irmãozinhos parassem de correr pelo quintal e fossem lavar-se na tina situada a cerca de dez metros da casa, onde chegava água da mina, trazida por uma bomba martelo. Ali nós lavávamos as mãos, braços, rosto, pernas e pés, com sabão feito pela mãe. Para nos enxugar, usávamos trapos extraídos de roupas velhas e rasgadas. A mãe quase sempre dizia:

— Vão *si lavá* logo, que já *tá noitecendo! Lava atrai* da *oreia* e *vê si sfrega dereito esses cascão!*

Quando o Andó voltou do terreiro, onde era espalhado o café colhido para que secasse, sendo amontoado ao final do dia, as crianças já estavam lavadas e de roupa trocada. Antes de entrar em casa, abaixou-se para acariciar o caçulinha que lhe vinha sorridente ao encontro. Aquele momento lhe fazia esquecer o dia inteiro de trabalho sujo e pesado e o pó que lhe cobria o corpo cansado. O homem rude, pequeno, magro e já meio alquebrado, sentia-se homem e, sobretudo, pai. Colocou no chão a moringa e pegou em suas mãos calosas e sujas as mãozinhas do filho, pondo-o, por fim, no colo. Depois, deitou-se no chão frio e colocou o pequeno sobre sua barriga para brincarem de cavalinho.

Já era noite e o frio aumentava.

A hora da janta era uma confusão. Um pedia comida, outro queria dormir. O menor choramingava, com cinco centímetros de meleca pendendo do nariz.

— Limpa o nariz desse *minino*! – Ordenava Rosina para a Laura. *Num tá* vendo que ele *tá custipado*?

Como não havia luz elétrica, usavam-se lamparinas, feitas com garrafas de vidro com querosene e um pedaço de pano enrolado, do qual uma das pontas ficava imersa no querosene e a outra saía pelo gargalo. Usávamos três lamparinas, que levávamos de um lugar a outro, servindo para a cozinha, a sala e os quartos.

Cada um pegava uma colher e um prato, feito de lata de marmelada, servia-se de arroz e feijão nas panelas que ficavam sobre o fogão e um pouco da mistura que ficava na mesinha. Por vezes ouvia-se um latido forte de cachorro dentro de casa. Era alguém que havia pisado no rabo da pobre Lila. Aos poucos, íamos nos sentando à pequena mesa sem toalha que ficava na sala ou nas poucas cadeiras disponíveis encostadas nas paredes. Os menores ficavam ajoelhados sobre as cadeiras, geralmente espalhando arroz sobre a mesa. Rosina quase sempre era a última a sentar-se e ficava com o caçula no colo, ambos comendo do mesmo prato.

O Andó não conversava. Era difícil saber se estava triste. Quando não estava cantando, assobiando ou contando algum caso, poder-se-ia dizer que estava triste. Levantou-se da mesa e dirigiu-se à cozinha para depositar o prato na mesinha.

— Andó, se *ocê quisé mai*, ainda tem na panela. As *criança* já *tão* comendo e tem o suficiente *pa levá na* roça amanhã. – Disse Rosina, preocupada com o marido.

— Chega. Não quero *mai*. – E foi pitar, postado à pequena janela da cozinha, que dava para a escuridão do brejo.

O vento ululava no bambu da horta. Do galinheiro, vinham piadas insistentes. O escuro era total e ouvia-se o choro penetrante das árvores. A fileira de casas iguais da colônia estava em silêncio, exceto pelo barulho do varal, onde algumas peças de roupas davam rabanadas nas trevas.

Andó acendeu seu cigarro de palha e ficou ali na janela, pitando e matutando. Viu-se moço, saindo a cavalo pela porteira do sítio de seu pai, para encontrar-se com a Rosina. Não tinha medo de andar a cavalo pela escuridão. Relembrou o namoro, os jogos de bocha, as pescarias na lagoa, as tardes de cantoria em que ele tocava sanfona de oito baixos, o casamento. O começo da via de casado foi difícil. A cama feita por ele mesmo com madeira de resto de construção; a mesa de cozinha também feita por ele, com pedaços de caixotes de cebola; duas cadeiras de segunda mão; um baú vindo da Itália, que o nono lhe dera para servir de guarda-roupa.

Ficaram morando no sítio dos pais dele, no bairro da Estrela, município de Jaú, onde se cultivava café, milho, arroz, feijão e hortaliças. Ali nasceram a Laura e o Mauro, com a ajuda de parteira. Sonhavam com a compra de um sítio só para eles, mas o negócio não saiu, por questões familiares.

Quatro anos depois do casamento e já com dois filhos e mais um a caminho, era preciso procurar uma colocação que lhes desse independência em relação aos pais. Foi aí que surgiu a oportunidade de morar no "mato". Era uma propriedade rural pertencente aos irmãos Conti, onde se cultivava milho e mamona. O lugar era conhecido como "mato" por estar à beira de uma floresta virgem, onde havia animais silvestres, como pacas e macacos. Apesar de a casa ser isolada, pois o vizinho mais próximo ficava a mais de dois quilômetros, foi uma boa época. Havia tempo e disposição até para caçar pacas, que eram engordadas em cativeiro, como se fossem porcos. Aos domingos ele pegava sua bicicleta italiana "Bianchi" e ia para a vila Ayrosa fazer compras, encontrar-se com os amigos e jogar no bicho. E certamente, para tomar umas pingas. Foi ali que nasceram o Zé (eu) e o Toninho. Nasci de parto em casa, com parteira, mas o Toninho já nasceu em Jaú, na Santa Casa. Passados mais de cinco anos, foi preciso mudar dali, pois a propriedade foi repartida entre os herdeiros, que requisitaram o local.

Nessa época, nosso tio mais velho, o Tché (Cesarino), tinha um sítio no bairro da Ave Maria e ofereceu parceria para o cultivo do café, em regime "à meia". Todos os irmãos e irmãs do Andó tinham apelidos que quase sempre consistiam na abreviação do nome pronunciado em italiano: Andó vinha de Andónio; Tchi (de Aparetchida); Iê (de Marieta); Teré (de Teréza), que era casada com o Pordo (de Leopoldo); Nica (de Ana, Anica); e Nenê (por ser o mais novo). As expectativas eram boas face à produção esperada no sítio, que afinal seria tocado em parceria entre dois irmãos. Além disso, Andó poderia tocar sanfona nos bailes que se realizavam num barracão ali existente. Os tempos, porém, não foram bons, pois a produção de café nos dois anos em que ali ficaram foi muito fraca, em razão de geada, e o dinheiro obtido com os bailes era muito pouco. Nesse período nasceu Maria Cecilia.

Nossa casa ficava abaixo do aterro da linha de trem. A ferrovia Paulista, construída pelos ingleses, era o meio de transporte da época, pois as estradas não eram asfaltadas e quando chovia os automóveis e caminhões fatalmente encalhavam no barro. Do outro lado da linha de trem, distante cerca de cem metros, ficava a casa do tio Tché. Ainda éramos pequenos, de forma que nossos contatos com os primos não eram muito frequentes. Além disso, lembro-me que pelo menos um dos primos mais velhos era malvado com os animais. Caçava passarinhos e apoderava-se de filhotes nos ninhos. Vi-o uma vez pendurar um passarinho vivo num fio de arame farpado, amarrado por um barbante e atirar pedras nele com o estilingue, até matá-lo. Havia famílias que quase não davam comida aos cães, dizendo que eles deveriam caçar o próprio alimento.

Uma vez alguém jogou água fervente em um cachorro, deixando-o com o dorso pelado e queimado. Numa tarde chegaram correndo em casa duas primas e dois primos, ofegantes, dizendo que um cachorro estava louco e havia corrido atrás deles. Uma das primas até perdeu o chinelo sobre a linha de trem. De fato, o cachorro chegou logo em seguida e entrou em nossa casa, indo esconder-se sob a cama de nossos pais. Curiosos, fomos olhá-lo. Diziam que o cão raivoso ficava sempre com o rabo entre as pernas. Tivemos então a ideia de cutucá-lo com um pau, para que ele saísse e pudéssemos observá-lo. Quando ele se levantou, corremos para fora da casa e subimos nos galhos das laranjeiras que ficavam em frente de casa. O cachorro correu em nossa perseguição, mas como estávamos no alto, voltou a esconder-se debaixo da cama. Fomos então cutucá-lo novamente. Nova correria. Numa dessas escapadas, eu, que era o menorzinho a participar da brincadeira, fiquei prejudicado na hora em que todos queriam passar pela porta ao mesmo tempo e caí. O cão me mordeu no braço e fugiu. Meus pais ficaram muito preocupados, pois era evidente que o cão estava raivoso. Deviam levar-me a Jaú, para ver o que era possível fazer. Como não havia condução, foi preciso esperar até o meio da tarde, quando havia trem de passageiros para Jaú. O pai levou-me à Santa Casa, onde informaram que não havia injeção antirrábica. Devíamos procurar um posto de saúde. Andamos por alguns lugares, sempre a pé, sem conseguir a injeção. Informaram que num determinado lugar havia a injeção, mas quando lá chegamos se recusaram a nos atender, porque a consulta devia ser paga e o pai não tinha dinheiro. Andando pela rua, o pai encontrou-se com um conhecido soldado da Polícia Militar, o qual orientou que fôssemos à delegacia registrar ocorrência pela recusa no atendimento. Acho que foi isso o que me salvou da morte, porque o delegado tomou certas providências e voltamos ao local onde havia a injeção.

Lembro-me de ter tomado uma injeção na barriga. Depois o pai levou-me à casa da vovó, onde me deixou, porque eu deveria tomar vinte e cinco injeções, uma por dia. Na última eu desmaiei. Até hoje ainda tenho a cicatriz da mordida no braço.

Em nossa casa não havia banheiro, latrina ou privada, dessas com buraco no chão. Fazíamos nossas necessidades fisiológicas no pequeno pomar ou atrás do chiqueiro de porcos. Nossos pais tinham que caminhar um bom trecho de estrada para chegarem a um local onde havia um pequeno matagal, onde era possível esconder-se.

Num domingo, fomos à casa de uma tia, que era esposa de um irmão da mãe, para brincar. Havia uma prima da minha idade, com quem eu gostava de brincar. Num dado momento, tive de fazer necessidade e perguntei a ela onde poderia fazer. Ela indicou-me o local, atrás da horta. Fui para lá e enquanto defecava chegou a prima para fazer xixi. A tia viu-nos agachados e correu até o local. Tomei uma bela surra com vara, sem entender o motivo. A prima não apanhou.

Quatro

ra preciso achar uma outra ocupação, que rendesse um pagamento regular, para não depender apenas da produção do café. Surgiu a oportunidade de trabalhar como colono em uma fazenda de café distante cerca de dois ou três quilômetros dali, de propriedade do Nonhô Abelardo. Foi um ano bom, onde não se passou fome, pois havia pagamentos mensais.

Após a colheita do café, havia um período de quinze dias dedicados a serviços variados como arrumar a horta, o chiqueiro dos porcos, o galinheiro, a cocheira, cortar lenha, refazer cercas, etc. Foi ali que o pai sofreu o pior acidente de sua vida. Os colonos cortavam eucaliptos à beira do ribeirão da Ave-Maria. Para que a árvore cortada não caísse no leito do rio, era amarrada uma corda para puxá-la para o outro lado. A corda foi puxada com muita força, de forma que o eucalipto resvalou num galho de outra árvore que estava em pé, desviando seu curso. Como não houve tempo para correr, teve sua cabeça esmagada entre a árvore que caiu e um tronco de eucalipto cortado, com grave fratura de crânio. Trouxeram-no para casa, todo ensanguentado e sem sentidos. Depois da correria para conseguir uma condução, foi levado à Santa Casa em Jaú, onde os médicos que o atenderam disseram aos familiares que o estado era crítico e que dificilmente sobreviveria. Os procedimentos médicos foram feitos mais por cumprimento ao dever profissional do que pela esperança de salvar o paciente. Retiraram-lhe do crânio um grande estrepe de eucalipto. Depois de vários dias de expectativa, saiu do estado de coma, mas sobrevieram complicações, ficando internado ainda por cerca de quarenta dias e tendo alta sem qualquer sequela, a não ser uma pequena perda de audição.

Ao sair do hospital, ficou de repouso por alguns dias. Os médicos haviam dito que ele poderia não ter mais condições de realizar trabalhos pesados. Nesse ínterim, faleceu a esposa do patrão Nonhô Abelardo e foi pedido ao pai que desocupasse a casa, pois ela seria propriedade de um dos filhos do patrão. Com cinco filhos pequenos, sem casa para morar e sem condições de trabalho, o que fazer? Nessa época, o tio Angelim, irmão da Rosina, era administrador da fazenda do Rigo Conti. Quando consultado sobre a possibilidade de ser colono, foi-lhe proposto fazer um teste de resistência. Teria de trabalhar um dia inteiro de serviço pesado. Se não sentisse nada, poderia ser contratado. Seu irmão Nenê e o nono lhe deram força, com a promessa de ajudar nos serviços, se necessário. Foi realizado o teste, sem qualquer problema e assim foi possível mudar-se com a família para o sítio do Rigo Conti, onde nasceu a Luzia.

No Natal daquele ano ganhamos um presente que nem imaginávamos poder ganhá-lo. Acreditávamos em Papai Noel. Fomos instruídos a colocar nossos calçados, que eram alpargatas, perto da janela. De manhã estava lá uma bicicleta triciclo, uma simples "tonquinha", mas que para nós era como se fosse uma Ferrari. Começamos a brincar imediatamente, mas não poderíamos brigar, pois a bicicletinha era para todos os irmãos. Lembro-me ainda da satisfação com que nossos pais nos olhavam brincando felizes, sem brigarmos.

Daí houve a mudança para a fazenda do João Conti, onde foi oferecida uma casa melhor.

Até então, havia sido uma vida de mudanças e dificuldades. Mas, e para frente, o que esperar? Deus sabe o que faz... Os filhos estão crescendo e vão poder ajudar – pensavam nossos pais.

Cinco

avia uma capela no meio do pasto, entre a fileira de casas de colonos e a casa do patrão João Conti, situada no alto do pasto. Nossa casa ficava mais abaixo, próxima a uma área com mato e brejo, ao lado de um pomar. A capela era proporcionalmente grande em relação à fazenda. Era branca, tinha uma grande escadaria em frente e servia de ponto de encontro de toda a vizinhança, pois ali se realizavam diversas atividades religiosas. Havia congregados marianos e filhas de Maria, com solenidades de entrega de fitas e outros ritos. O presidente dos congregados marianos era o patrão João Conti.

Um dia João Conti insistiu para que o Andó colocasse os filhos, que já eram marianos, para serem coroinhas, pois era uma necessidade do padre Augusto, que vinha rezar missa uma vez por mês na capela. Gostamos da ideia e nos foi entregue um livrinho contendo todas as falas da missa. Naquela época as missas eram rezadas em latim. O padre ficava em frente ao altar, de costas para os fiéis. Quando ele iniciava a missa, dizia:

— *Introibo ad altarem Dei.*

— *Ad Deum qui laetificat juventutem meam.* – Respondíamos de imediato e em voz alta.

— *Dominus vobiscum.*

— *Et cum spiritum tuum.*

Decoramos todas as falas na primeira semana, de tal forma que na primeira missa que houve após isso, fizemos bonito. Todos admiravam a nossa postura e prontidão nas respostas em latim. Eu admirava o padre paramentado, mesmo quando estava de costas para os fiéis, mas especialmente quando fazia o sermão e todo mundo prestava atenção no que ele dizia. Acho que foi ali que surgiu o desejo de me tornar padre também. Só que não falei nada disso para ninguém.

Várias vezes por semana, à noite, havia reza do terço na capela. Lá pelas oito da noite começavam a chegar as primeiras pessoas. Os homens sentavam-se nos degraus da escadaria em frente à capela e começavam a pitar cigarros de palha e a bater papo. Nós, crianças, também gostávamos de sentar na escadaria e ouvir as conversas dos adultos. Quase sempre contavam "causos". As mulheres ficavam em grupos, perto da entrada lateral da capela ou sentadas nos bancos dentro da igreja. Gostávamos de brincar de pega-pega com as outras crianças nas imediações, porque era o único lugar iluminado nas redondezas. Havia sido colocado um gerador movido a diesel, que iluminava o interior da igreja e o pátio, bem como o barracão que fora construído ao lado da igreja, onde aconteciam as festas.

As festas eram sempre muito animadas. Começavam a ser preparadas com bastante antecedência. Formava-se uma comissão de festeiros, que era encarregada de angariar prendas e donativos. Em todas as missas e rezas do terço era feito um levantamento dos donativos já conseguidos ou prometidos, tais como galinhas, frangos, leitoas, cervejas e guaranás. Cada família tinha de contribuir pelo menos com um frango assado e recheado. Havia leilões de frangos e leitoas. Havia também bingo. Nós não tínhamos dinheiro para comprar nada, mas alguém sempre acabava oferecendo um pouco de guaraná ou um pedaço de frango cheio. Com sorte, ganhávamos um guaraná inteiro. No dia seguinte às festas, íamos ao barracão, para verificar se havia sobrado guaraná dentro das garrafas vazias. Geralmente havia. Tudo isso para nós não representava nenhum constrangimento ou revolta. Era festa e ficávamos felizes.

As poucas vezes em que tomávamos refrigerante eram nessas festas, no Natal ou em algum casamento. Nas melhores festas de casamento podíamos tomar um guaraná inteiro e às vezes até mais de uma garrafa, além de comer doces de batata, abóbora, pirulito ou paçoca.

Além das rezas na capela, era costume as famílias promoverem reza do terço em casa, em dias em que não havia reza na igreja. Essas rezas eram motivo de alegria, pois os donos da casa ofereciam café e anisete para os presentes, inclusive para as crianças. Talvez fosse esse um dos motivos do alto grau de alcoolismo que existia na roça, pois se começava a ingerir álcool muito cedo. Outro motivo para ingerir álcool era tomar chuva. Quando tomávamos chuva, o pai costumava dizer que era bom tomar um gole de pinga para combater a friagem. A mãe não gostava muito, recomendava que queimássemos primeiro o álcool numa latinha, mas aceitava o costume para não prejudicar as crianças.

Quando faltava chuva para as plantações, fazia-se novena na capela. O terço era rezado aos pés do "cruzeiro", uma cruz grande plantada no chão, no pasto, próxima ao gerador de eletricidade. Se o tempo de seca se prolongasse, fazia-se uma procissão que saía da capela e ia até as barrancas do rio Tietê, a uma capelinha dedicada ao frei Galvão, que naquela época ainda não havia sido canonizado, percorrendo sob o sol escaldante uma distância de cerca de dez quilômetros. Numa dessas vezes a Laura, o Mauro e eu também fomos autorizados a fazer parte da procissão. Foi muito cansativo. Ninguém levava água para beber, nem qualquer alimento. Quando chegamos, todos estavam com muita sede. Muitos adultos resolveram tomar a água do rio Tietê. Nós também tomamos.

Geralmente quem "puxava" o terço era o João Conti ou o vice-presidente dos marianos. Mas um dia, não me lembro se foi porque o João Conti não viera e nem o vice-presidente dos marianos, foi proposto que a reza fosse puxada pelos coroinhas. Éramos acanhados, mas como tínhamos prática em ajudar nas missas, aceitamos orgulhosos e mais uma vez fizemos sucesso. Daí em diante, muitas vezes o Mauro e eu passamos a puxar terço, mesmo que o João Conti estivesse presente. Aquelas pessoas simples da roça gostavam de ver duas crianças comandando a reza do terço.

Um dia apareceu um outro padre para rezar a missa. Ele costumava ir às comunidades religiosas para angariar vocações sacerdotais, ou seja, convidar crianças para serem seminaristas. Era um missionário muito divertido, simpático e atencioso. Falou da necessidade de novas vocações durante e no final da missa e disse que esperava que muitas crianças se dispusessem a ir para o seminário. O João Conti, após a missa, indicou os filhos do Andó, que eram coroinhas e puxadores do terço. Tinham duas tias freiras. Dariam bons padres. Havia também o Luizinho, nosso primo. O padre foi à nossa casa, nos abraçou, puxou nossas bochechas com os dedos e convidou-nos a entrar para o seminário. Disse que a vida no seminário era muito boa, comia-se bem, passeava-se e havia até piscina. Não é preciso dizer que ficamos entusiasmados. Nossos pais retrucaram que éramos muito pobres e não podíamos pagar nada. O padre tirou do bolso um papel contendo o enxoval que era preciso levar para o seminário: tantas calças, tantas camisas, cuecas, meias pretas, pijamas, terno, gravata preta, dois pares de sapatos pretos, chinelos, pasta de dentes, escova, etc.

— *Num* vai *dá*. *Nói num pode comprá* tudo isso, seu padre.

— Não é preciso comprar. Leva o que tem.

— *Mai* eles *num* tem *quaje* nada disso. Veja as *carça* que eles *usa, feita* de pano *veio*. Camisa de saco de *açuca*. *Num* tem sapato, nem *chinela*. Tem *male-má* um par de *paragata esgarçada*.

— Não faz mal. A gente dá um jeito nisso. Vou falar com o João Conti e se prepare para ir para o seminário – Disse batendo a mão no ombro do Mauro.

O convite era somente para ele, porque era preciso já ter concluído o quarto ano do ensino primário ou fundamental e eu estava terminando apenas o terceiro. Ele percebeu minha decepção e disse que após eu terminar o primário também iria.

Não acompanhei as conversas entre meus pais depois que o padre se foi. Fiquei sabendo que houve uma grande dúvida. Naqueles tempos, as famílias eram numerosas, com a finalidade de haver mais pessoas para ajudarem na roça. Nós estávamos prestes a concluir o primário e depois disso iríamos trabalhar exclusivamente na roça. O pai já fazia o cálculo de quantos milhares de pés de café a mais ele poderia tratar, com o ajuda do Mauro e depois a minha.

Soube também que houve muitos comentários entre os colonos e entre os parentes, a respeito de nossa possibilidade de ingressar no seminário. Quase todos diziam que o pai não deveria permitir. Se ele quisesse dar uma profissão para os filhos, poderia procurar que aprendessem a ser barbeiros aos domingos ou coisa parecida.

— Logo agora que eles vão *podê ajudá* na roça!... – Diziam.

Apenas alguns eram favoráveis, dizendo que nós devíamos fugir da enxada e que a vida da roça não dá futuro nenhum. Era uma oportunidade de estudarmos.

Como o pai estava tendendo a aceitar que o Mauro fosse para o seminário, houve uma discussão entre ele e um tio, irmão do pai. Ele dizia que o pai ainda não tinha conseguido nada na vida. Logo agora que ia poder tratar mais café, com a ajuda dos filhos. Ia ficar somente com a Laura para ajudar, sabendo que mais cedo ou mais tarde ela ia se casar e ele ia ficar novamente sozinho. Seria muita burrice.

No final das contas, concluiu-se que o Mauro não iria. Se fosse para ir, teria que ser os dois, o Mauro e eu. Assim, o Mauro iria ajudar na roça por um ano e depois, quando eu houvesse terminado o primário, veriam o que fazer.

É claro que o Mauro se sentiu frustrado, mas era preciso obedecer. Éramos pobres, porém tínhamos boa educação e bons princípios. Obedecer aos pais era um mandamento da lei de Deus.

Escrevíamos cartas para a tia Rosentina e a tia Evalda, que eram irmãs da mãe e eram freiras, missionárias do Sagrado Coração de Jesus. Elas respondiam nossas cartas incentivando-nos a ingressar no seminário. Os nomes verdadeiros delas eram Tereza e Olga.

Durante esse ano, o Mauro foi visto algumas vezes ajoelhado na roça, atrás de algum pé de café, com o terço nas mãos. Ele rezava e sem dúvida esperava passar rápido o ano para poder ir para o seminário. Aos sábados ele ajudava a cortar cabelo numa barbearia no bairro da Ave Maria. Era bom aprender alguma profissão.

Seis

O ano foi longo. Acordávamos cedo. Não sei a que horas o pai e a mãe acordavam, porque sempre que eu me levantava da cama de colchão de palha, o pai já tinha feito o café e a mãe já estava cuidando da casa.

Naquela época era eu quem ia buscar leite de vaca no sítio vizinho. Algumas vezes chegamos a ter uma vaca leiteira ou uma cabrita, mas naquele ano tinha sido preciso vender a vaca e depois a cabra, para arrumar dinheiro. Por isso, o leite era comprado do vizinho. Eu ia descalço, pisando na terra fria e na grama orvalhada, com o litro vazio balançando na mão. Por vezes acontecia de voltar com o litro pela metade, porque o vizinho dizia que a vaca tinha dado pouco leite. Os motivos eram variados: não haviam conseguido apartar o bezerro no dia anterior; a vaca chutara o balde; a vaca já estava dando pouco leite. O fato era que aquele leite tinha que dar para todos nós. O pai tomava apenas café puro e ia para a roça junto com a Laura. Os demais comíamos pão com leite, misturados numa latinha que servia de prato. O pão era feito pela mãe, uma vez por semana. De vez em quando comíamos polenta com leite, igualmente misturados na latinha. Quando não havia leite, o café da manhã consistia em pão ou polenta com café. Embora fôssemos criados em sítios e fazendas de café, nem sempre essa bebida era de boa qualidade. Por vezes entrávamos debaixo do assoalho da tulha de café do patrão e, com o seu consentimento, recolhíamos o café que havia escorrido para o chão por entre as frestas do assoalho. Não raro, tínhamos que economizar no pão, para que fosse suficiente para toda a semana. Eu sempre tive muita vontade de comer doces, mas como isso não era possível, costumava pegar torrões de açúcar no saco. Nem sempre eu fazia isso na presença da mãe, porque ela não gostava e dizia que o açúcar tinha que dar para o mês inteiro.

Eu saía para a escola e os demais iam para a roça, fechando

a casa apenas com uma cadeira encostada na porta, pelo lado de dentro. Nunca soube que alguém tivesse entrado em nossa casa ou em qualquer outra para roubar.

Ia descalço, mesmo no frio. Os calcanhares costumavam rachar no frio, apesar da pele grossa. O uniforme havia sido dado pela escola. Carregava um caderno, um lápis, uma borracha, um apontador, uma régua de madeira e um livro dentro de um bornal feito pela mãe com pano velho. No quarto ano do ensino fundamental, eu estudava então no Grupo Escolar Frei Galvão, distante seis quilômetros, na Vila Ayrosa, assim chamada porque lá existia uma estação de trem chamada Ayrosa Galvão. Era preciso ir rápido ou até correr para esquentar, quando era frio. Na volta era mais complicado, porque como as aulas terminavam perto do meio-dia, voltávamos com o sol quente. A areia quente dos caminhos queimava os pés. Por isso, era preciso correr até uma pequena sombra ou algum trecho onde houvesse vegetação. Houve uma época em que eu ia e voltava junto com o Pedro Cristianini. Foi uma época boa, porque voltávamos jogando bolinha de gude. Íamos sempre em frente jogando bolinha. Isso fazia com que eu demorasse mais para chegar em casa. Quando eu chegava, comia a comida fria que estava em cima do fogão e seguia para a roça. Muitas vezes cheguei à roça depois das duas horas da tarde e tomei broncas por demorar muito. Mesmo que eu tentasse encontrar algum motivo para o atraso, todos sabiam que o motivo da demora eram as bolinhas. Um dia eu estava com boa pontaria e ganhei um punhado de bolinhas. Alguém resolveu verificar o conteúdo do bornal e viu que havia ali muitas bolinhas. Não havia como mentir.

O diretor do grupo era muito bravo. Quando a professora mandava algum aluno para a diretoria, todos ficávamos aguardando pelo barulho dos estalos. O diretor costumava bater nos alunos com uma régua flexível. Eu nunca havia sido mandado para a diretoria, mas sabia que as reguadas doíam muito, porque os outros comentavam e porque as marcas vermelhas eram claras. Dizia-se que ele batia com a régua na cara, no pescoço ou na orelha, e que quando ele batia numa

Confissões de um seminarista apaixonado

orelha, a ponta da régua envergada batia na outra. É claro que os pais dos alunos sabiam do método pedagógico adotado e nem por isso houve qualquer tentativa de contestar o diretor ou registrar boletim de ocorrência na polícia. A escola emprestava alguns livros de leitura infantil, que eram muito interessantes. Tínhamos prazo para devolvê-los. Um dia levei um livro do qual eu gostei muito e toda a família teve de ouvir a história que eu havia lido. Falava de um bicho chamado "tatunhamdupelecascaepena". Na segunda-feira, quando cheguei à escola e fui apanhar o livro no bornal para devolvê-lo, o livro não estava. Gelei. Procurei novamente e ele não estava. Como podia ser possível, se eu o havia colocado no bornal desde o dia anterior para não esquecer? Não havia como perdê-lo, porque o bornal ficava sempre preso por uma tira ao pescoço. Aí percebi o problema. Eu havia levado o bornal do Mauro e não o meu, pois eram iguais. Não adiantaram as explicações. A professora mandou-me para a diretoria. Fui tremendo, sabendo que toda a classe estava prestando atenção nos estalos e no choro que viriam. Felizmente o diretor foi sensível e entendeu ou acreditou na minha explicação feita com muita tremedeira. Não apanhei.

Sete

Nossa vida de criança era difícil, o dinheiro era coisa rara, a comida era apenas o suficiente. A maioria dos alunos levava dinheiro para a escola, para comprar algum doce na hora do recreio. Meu colega de carteira, por exemplo, que era filho de usineiro rico, comprava doces todos os dias. Eu raramente levava alguma moeda para comprar um doce de batata ou um pirulito chamado "tapa na cara". Isso acontecia, por exemplo, no final da colheita do café, quando o pagamento mensal do pai era um pouco melhor. Aí nos dávamos ao luxo de pedir ao pai para trazer alguma coisa fora do comum na compra mensal. Naquele ano eu pedi para ele comprar uma latinha de manteiga. Isso nos deixava muito felizes. No dia do meu aniversário, pedi à mãe para fazer algum doce para comemorar. Gostávamos muito de doce de goiaba. Havia muita goiaba nos lados do brejo. Ela estava sem tempo e sugeriu que eu apanhasse um mamão maduro e fez uma salada de mamão baiano. É claro que eu fiquei feliz.

Como o dinheiro era curto, a mãe praticava o escambo, ou seja, trocava coisas. Por exemplo, ela entregava ovos de galinha caipira que criávamos, em troca de batatas. O Zé Burgo era um comerciante ambulante que passava de carroça uma vez por semana, fazendo as trocas. Nós o chamávamos de frangueiro.

Tínhamos uma vantagem em relação aos outros colonos. Nossa casa, que ficava um pouco afastada da fileira de casas da colônia, era um pouco melhor do que as outras, embora fosse muito simples. Havia um pomar próximo, dentro do qual fizemos uma horta para o cultivo de hortaliças, bananas, mandioca, quiabo, abóbora, berinjela, caxi, batata-doce e alguns pés de frutas diversas. Era um privilégio, embora isso exigisse trabalho extra que era feito à noitinha e nos sábados à tarde. Quando algum outro colono nos pedia alguma coisa colhida do pomar, dávamos de boa vontade, mesmo que não participassem do plantio e da manutenção do pomar. O patrão recomendava que déssemos coisas aos outros colonos quando fossem pedi-las, porque éramos a única família que dispunha de um pomar. A horta estava estrategicamente localizada dentro do pomar, ao lado de um córrego, do qual tirávamos água para regar as hortaliças. Além disso, havia muitas goiabeiras nas redondezas e maracujá nas cercas do pomar. Enfim, apesar das dificuldades, não me lembro de ter passado fome. Éramos felizes.

De vez em quando, pescávamos lambaris e pequenos bagres no córrego. Para tanto, represávamos o regato com o uso de um enxadão, desviando o curso da água para o brejo. Com o córrego quase seco, cercávamos os peixes com peneiras de abanar café. Sempre conseguíamos uma quantidade suficiente de peixes para a mistura de uma refeição, apesar do risco de encontrarmos cobras, o que não era raro, a ponto de algumas vezes termos tirado da água a peneira com uma cobra dentro.

Aos domingos, o Mauro, eu e às vezes o Toninho, saíamos para caçar passarinhos com o estilingue. Quase nunca lográvamos matar algum passarinho. Atirávamos em pássaros que servissem para comer, como, por exemplo, rolinhas.

Um dia, ao sairmos em direção ao brejo, onde ficava a mina que fornecia água para as casas da colônia com a propulsão de uma bomba martelo, passando por sobre uma pinguela que atravessava o córrego, nosso irmãozinho Adelino caiu na água e ficou entalado no barro de cabeça para baixo. O córrego não tinha mais que uns quarenta centímetros de profundidade, mas no fundo havia muita lama. Ele ficou entalado na lama, com as perninhas para fora. O Mauro pulou na água para retirá-lo, mas não conseguia, porque ele também ficou com os pés presos na lama pegajosa. Não me lembro direito, mas acho que fiquei meio sem ação, vendo o desespero do Mauro, e não fiz nada. Felizmente ele conseguiu retirá-lo. Apesar de assustado, comecei a rir, porque o "*mulequinho*" saiu da água como se fosse uma pelota de barro. Nem era possível ver seus olhos. Parecia um sabugo de milho enlameado. Naquele dia, o Mauro apanhou da mãe porque não cuidou direito do irmão e o deixou cair no rego.

As roupas que usávamos eram feitas pela mãe. O menorzinho quase sempre usava um vestidinho, sem nada por baixo, mesmo que fosse menino. Acho que isso economizava o uso de fraldas. É provável que isso decorresse do fato de que era preciso aproveitar as roupas do primeiro filho, que era a Laura. Não raro, usava apenas uma camisinha. Nós, um pouco maiores, usávamos calças com suspensórios feitos de pano costurados ao tecido.

Num domingo, estávamos usando calças novas que a mãe havia acabado de costurar. Ela sempre dizia:

— *Num vão si sujá!*

Fomos dar uma volta pelas bandas do brejo. O brejo tinha em continuação uma área de mata virgem, entrecortada por córregos menores. Ao lado da bomba martelo havia uma figueira, sob a qual se formara uma poça de lama escura. Quando vimos que a figueira estava carregada de figos maduros, fui cuidadosamente até o tronco da árvore e subi nela, indo para um galho que se estendia por sobre a poça de lama e comecei a colher figos. O Mauro veio em seguida para subir na árvore. Comecei a gritar para que ele não subisse, porque o galho não aguentaria o peso de duas pessoas. Mas ele continuou a subir rindo e debochando de mim. Quanto mais eu pedia para ele parar, mais rápido ele vinha em minha direção. Eu não tinha por onde fugir. Aconteceu o previsto. O galho quebrou e caí espalhafatosamente bem no meio da poça de lama, enquanto ele caiu no seco e ria a valer. Corri todo enlameado para casa. O Mauro seguiu de longe para ver o que aconteceria ao chegar em casa. Antes de trocar de roupa, tomei uma bela surra da mãe, ou seja, vários tapas na bunda e nas pernas. Enquanto apanhava, eu via o Mauro se esgueirando pelos cantos da casa, rindo da minha cara.

Dias depois dei o troco sem querer. Fazíamos guerra de estilingue escondidos no meio dos galhos de goiabeiras. O Mauro estava no alto de uma e eu no meio da ramagem de outra, ambas cheias de goiabinhas. Começamos a atirar goiabinhas um contra o outro, com o estilingue. Nossa intenção era fazer com que as frutinhas duras passassem perto do adversário, ou seja, "raspando". Nossa pontaria não era das melhores e eu acabei errando o alvo, ou melhor dizendo, acertei em cheio o rosto do Mauro. Pegou num dos olhos. Ele não chorou porque era mais velho e não queria apanhar da mãe, mas o fato é que ficou com o rosto inchado.

Gostávamos das festas juninas. Apesar de haver pouco dinheiro, era costume comprar fogos de artifício para as festas que ocorriam nas vésperas de Santo Antônio, São João e São Pedro, quando faziam fogueiras e eram erguidos os mastros com a figura dos três santos. Não havia comes e bebes, mas as festas eram animadas assim mesmo. Fazia frio e ficávamos correndo em volta da fogueira. O Mauro e eu costumávamos passar descalços andando por cima das brasas, sem que nossos pés se queimassem. Até hoje não sei direito o motivo pelo qual não sentíamos queimar a planta dos pés. O fato é que recitávamos algumas palavras e passávamos tranquilamente pelas brasas.

É curioso como guardamos na lembrança fatos da infância. Ainda tenho na memória reminiscências de festas juninas feitas quando morávamos no "mato", quando eu ainda era criança de colo. Numa dessas festas, fiquei com medo dos busca-pés, que corriam acesos pelo chão. Fui parar no colo da mãe.

Outra coisa que recordo daquela época foi uma pedrada que o Mauro deu num vespeiro que estava pendurado no beiral da casa. O Mauro ainda era pequeno, mas pegou um pedaço de tijolo no chão e fez menção de atirá-lo contra o ninho de vespas. O pedaço de tijolo era grande e eu não acreditava que ele pudesse acertar o alvo, mas o fato é que acertou em cheio e tivemos de sair correndo das abelhas enfurecidas.

Oito

Laura empurrou a porta e entrou na sala. Rosina arrumava a cozinha.

— Mãe, o pai já foi *durmi*? – Nunca chamávamos o pai de "senhor" ou "você". Era sempre "pai" e a mãe era sempre "mãe".

— Já. *Pur* quê?

— Ele *tá* muito brabo?

— *Chii*! *Tá* que é uma cobra! *Falô* que amanhã vai *pricurá* outro *lugá pa trabaiá*; que aqui *num* dá *mai pa vivê, purque* o patrão *num dexa prantá* nada na roça; que os *outro roba miyo* da gente e ninguém fala nada; que a gente pode *morrê di* fome *qui* ninguém se incomoda; *qui* a gente *trabáia qui* nem burro *di* carga e o patrão *inda munta* em cima; se *arguém* fica doente é obrigado a *morrê*; que ninguém é obrigado a *trabaiá di* graça; *qui* isso e *qui* aquilo...

A mãe também se inflamara. Sentia-se nela a tristeza e o desespero de ver o marido cheio de problemas, já meio debilitado e bebendo demais nos fins-de-semana. Sabia que a minha ida e a do Mauro para o seminário iria piorar a situação, mas já estava decidido.

— Eles vão *tê* a oportunidade que *nói num tivemo*. – Dizia ele.

—Vão *podê istudá* e *sê* padre. *Si num ficá* padre, vão *podê sê devogado, ingenhero, professô*, médico. Eu *num* tive *istudo* mais eles vão *podê tê*, nem que eu *m'isborrache di trabaiá*.

— Mãe – continuou a Laura - *Pur* que o pai *num qué mudá pa* cidade?

— *Num* dá, *minina*. O que *vamu fazê* na cidade? Lá *num* se acha emprego *pa nói*. E as *criança*, o que vão *fazê*? *Aprendê* a *sê maliducada*? E o *aludué*, a conta da *luiz*, a le-

35

nha? Quem caiu na *inxada, num si levanta mai*. Tem que *morrê* na *inxada*, pisado pelos *otro, ingulindo* pó, tomando *sor*, passando fome e *reiva*. Entra governo e sai governo e *num si faiz* nada *pus pobre*. Eles só *qué inchê* a barriga e os *borso*. Deus há de *vê* os *disgosto* que a gente passa e *jurgá* tudo isso.

A mãe calou. Naquele silêncio pesado, senti que era bom ela desabafar um pouco.

— Será que o pai vai *memo pricurá otro lugá?* – Indagou Laura.

— *Num* sei. Deve *tê* tomado muita pinga e fica falando *bestera*. Amanhã é domingo. *Si* ele *saí* de casa, vai *abri* a boca no mundo e *vortâ bêbido*, falando mais *bestera* ainda. *Dispoi si quexa* que dói o *istômigo*, dói isso, dói aquilo.

— Ele devia *i no* médico.

— *Num dianta* nada. Vão *mandá ficá* um *meis* de *reposo, fazê* regime, *tomá* um monte de remédio caro que a gente *num* pode *comprá* e *pará* de *tomá* pinga. Aí vai *precisá pidi dinhero imprestado* do nono e ele *num* vai *pará* de bebê. *Mai oceis num* precisa *si preocupá*. Deus dá um jeito. Vai *dormi* que é *mió*.

— *Tá bão*, mãe. *Bença*, mãe! – Todos pedíamos a bênção ao pai e à mãe antes de nos deitarmos.

— Deus te abençoe. *Oia! Sobrô* um *poco* de leite na caneca. Bebe, *si* não vai *azedá*. Coitadinho do *Tuninho. Durmiu* sem *tomá* leite.

Naquela época eu nem imaginava que ela deixava de tomar o resto do leite e de comer outras coisas de que gostava, para deixar para os filhos.

Depois de lavar os pés numa bacia, acendi uma lamparina e fui para o nosso quarto, aparando o vento com a mão em concha. Tive que voltar duas vezes para acender o pavio

Confissões de um seminarista apaixonado

que se apagava quando eu entrava no quarto. Havia frestas na janela feita de madeira simples já um tanto retorcida pelo tempo, por onde passava o vento. O quarto era pequeno. O colchão da cama de casal onde eu dormia junto com o Mauro era recheado de palhas de espigas de milho. As outras camas também tinham colchão de palha. De manhã, ao arrumar as camas, era preciso afofar as palhas, enfiando a mão por dentro do colchão. No inverno era bom, porque esquentava. Naquela noite, eu estava achando o colchão muito duro. À cabeceira, havia um quadro de Nossa Senhora de Fátima, que era a padroeira da fazenda. A um canto, uma lata de querosene, algumas garrafas vazias e um baú velho, onde eram guardadas as roupas de todas as crianças.

Perto da entrada, uma cadeira que havia sido feita pelo tio Atílio, que era marceneiro e morava em Jaú. Coloquei a lamparina sobre a cadeira e ajoelhei-me ao lado da cama, como fazíamos todas as noites. Não consegui rezar. Ouvindo o barulho dos pratos e colheres que a mãe lavava na cozinha, pensava na tristeza que eu havia notado na conversa com a Laura. Quando ela jogou pela janela a água da bacia, me deitei e fechei os olhos. Instantes depois ela entrou no quarto, segurando uma lamparina com uma das mãos, enquanto protegia a chama com a outra. Ela vinha todas as noites verificar se estávamos cobertos. Como estava frio, colocou alguns trapos sobre nós, porque não havia mais cobertas.

Altas horas. Todos dormiam. A colônia inteira, envolvida nas trevas, repousava acalentada pelo vento. Sussurros longínquos vagavam pelo espaço. O concerto monótono dos grilos e os sapos tocando contrabaixo no brejo davam a impressão de frio. Uma rã solitária coaxava nos fundos do banhado. Do lado do cafezal chegavam lástimas de um curiango abandonado.

Revirava-me no colchão de palha barulhento e olhava

para o teto, onde era possível ver uma estrela pelo vão das telhas. Escutava a sinfonia da noite. O gemer do bambuzal fazia imaginar os bambus gigantes debatendo-se sob os golpes da ventania. Tentavam em vão se colocar na posição vertical. Será que mudaríamos para a cidade? Não. Assim como os bambus, teríamos que nos curvar sob a força do vento. Meus pais morreriam na enxada, como disse a mãe? Deveria eu desistir da ideia de ingressar no seminário?

Irrompeu um choro de criança no quarto do pai e da mãe. Era a Luzia. Éramos então seis irmãos: Laura, Mauro, eu, Toninho, Cecilia e Luzia. Apenas a Laura tinha idade suficiente para trabalhar na roça. Não havia qualquer restrição ao trabalho de menores de idade. O Mauro, que antes ia somente na colheita do café ou em época de carpa, ou seja, quando eram capinadas as roças de café, passou a ir sempre.

— Ela tá *moiada*? – perguntou o pai.

— Não. Acho que *tá cum* fome. *Num* comeu nada, *tadinha*!

— *Intão totcha* o *chupete* dela no saco de *açúca* pra ela *pará* de *chorá*.

A mãe resmungou alguma coisa sobre precisar levá-la à farmácia, mas não havia dinheiro, porque – segundo ela - o Andó bebia tudo. A essa altura, o pai já estava bom e ficou em silêncio, como costumava fazer quando não estava sob o efeito do álcool. Ele tinha esse mérito. Além disso, nunca perdeu um dia de serviço na roça por causa da bebida. Ele só bebia aos domingos; às vezes aos sábados. Durante a semana, apenas tomava um aperitivo antes da janta da noite.

Nove

O trabalho duro da roça tinha seus momentos engraçados. Havia um colono que era conhecido como Nardão. Grandalhão, desengonçado, magro, falador. Fumava muito, mas quase nunca tinha cigarro. Quando ele estava trabalhando por perto e procurava o Andó, sabíamos que vinha procurar cigarro. O pai era sempre prevenido. Carregava sempre um canivete, um pedaço de fumo de corda, algumas palhas de espigas de milho preparadas e um isqueiro amarelo. O Nardão chegava de mansinho, puxava conversa e por fim dizia o que já estávamos esperando:

— Andó, *cê* tem fumo aí? *Isqueci* de *trazê* o meu...

Quando o pai lhe passava o pedaço de fumo, ele o cheirava... cheirava... e por fim dizia:

— *Impresta* o canivete?

Picava uma boa quantia de fumo, devolvia o canivete e o pedaço e fumo e começava a amassar nas mãos o fumo picado, passando-o de uma mão à outra.

— *Chii*, Andó! Tô sem *paia*. *Mi* arranja uma.

Com a palha, preparava carinhosamente o cigarro, passando a língua para fechá-lo. Já sabíamos que ele iria pedir o isqueiro.

— *Mi* passa o *isquero*.

Apesar disso, gostávamos muito da companhia do Nardão. Um dia ele chegou trazendo nas mãos uma pequena rã.

— Andó! *Divinha* só o que eu tenho aqui.

— Ah!... Um elefante?

— Que isso, Andó! É uma raganela.

— O que *qui uçê* vai *fazê cum* ela? *Sorta ela*, coitada.

— *Fai* tempo *qui* eu *num* como carne. Acho que *vô enguli* ela.

— Duvido. Ela *tá* viva. *Cê mai matá* a bichinha?

— Não. *Vô inguli ela* viva.

— Isso eu duvido e faço *poco*.

Fez um pouco de encenação, porque viu que estávamos muito atentos e colocou a rã viva na boca. Pegou o garrafão de água, colocou a pequena rã na boca e a engoliu com um gole de água tomada no gargalo do garrafão. Ficamos perplexos. Vimos que não foi truque, porque ele, antes de engolir, abriu a boca e mostrou a rã sobre a língua.

— Nossa! *Num* é que *ocê inguliu memo* a raganela?!... Ela *num inroscô* na garganta?

— Não, *mai tá* fazendo *cosquinha* na barriga.

Uns quinze minutos depois que ele foi embora, sabíamos que ele estava próximo, porque ouvíamos sua voz, soltando palavrões, coisa que nós nunca fazíamos:

— Vento *fia* da puta! *Ansim num* dá *pa baná* café! Lazarento! Morfético!

O Andó tinha várias qualidades. Só havia ido à escola durante um ano e meio, mas escrevia relativamente bem, fazia contas de cabeça mais rapidamente do que nós usando lápis e papel. Embora não dispusesse de dinheiro para supérfluos e até para o essencial, de vez em quando aparecia em casa com literatura de cordel. Gostava de rimar. O diálogo seguinte era uma de suas diversões:

— Oi!

— Oi, boi! – respondia.

— Bom dia, boa tarde, não sei que *hora* são.
— É boa tarde. Vai entrando, seu Ricão.
— *Iscuita*: a pinga tá guardada?
— *Tá, mai* a bicha é bem danada!
— *Intão*, tomara que não seja aguada.
— Que nada!
— *Intão, vamu vê.*
— Vai *chovê*?
— *Vê* a pinga.
— *Vô vê* se ela catinga.
— Ô *veio* teimoso! Vai *buscá* a cachaça!
— *Ansim num* tem graça.
— *Mai* ela é boa?
— É meio à toa.
— Vai logo, que eu *tô* com pressa.
— *Dispoi* vem outra remessa.
— Bom, compadre. Fora de *brincadera*. O compadre não tem aí um *poquinho pá moiá a guela*? Tô *ca* garganta seca, Andó.
— O compadre não vai *na* venda hoje?
— *Num* posso. *Tô* machucado. O burro me *pisô* no pé.
— Ué!?...

Enquanto Andó foi buscar o litro de cachaça no quarto, o Ricão continuou:

— Aproveita, compadre e *traiz* a sanfona.
— Vai *pidi pa* sua nona!
Vamu, compadre! Toca umas *moda* aí. Hoje eu *tô* meio *distrambeiado*. Você não *iscuitô* a *baruiera* que teve lá em casa?

O Andó era autodidata. Aprendeu a tocar sanfona sozinho. Escutava as músicas no rádio, pegava a sanfona e em poucos minutos já conseguia tocar as músicas de que ele gostava. Tocava com paixão. Eu percebia que a sanfona era um refúgio que ele usava quando estava muito triste e também quando estava alegre. Nos dias de chuva, quando não era possível roçar o pasto porque a chuva era muito forte, ele pegava a sanfona e em pouco tempo nossa casa estava cheia de colonos que vinham "*iscuitá*". Por vezes, chegava alguém com um violão e um pandeiro. Até o patrão gostava de vir à nossa casa quando ele tocava.

— É. *Iscuitei* umas discussão na sua casa...

— Pois óia! Saí de lá *pa num tê* que *machucá arguém*. *Mai* agora chega! Já *guentei dimai*. Entra ano, sai ano e a coisa *tá* cada *vei pió*. Amanhã *vô pegá* minhas *troxa* e *caí* no mundo. *Si vô!*... Se é *pa tê famiya* e *sê iscravo, num* dá. *Vô corrê* mundo. Se a *muié* e os *fiyo qué mandá* em casa, que *mande! Eu vô sumi!*

— O que foi, compadre? Umas *discussão* em *famiya di veiz* em quando é *normá*.

— Já *tô discursuado*, Andó. Cheguei da roça, cansado, *chujo, co* pé *doeno*. Fui *pricurá* o garrafão de pinga e *viero tudo atrai* de mim:

— Já vai *bebê*? Bebe que nem cavalo, *fai* negócio errado e a *famiya* que se *istrepe*?

— Que negócio errado, Ricão? Aqueles *doi leitãozinho* que *ocê trocô*?

— É. Hoje foi esse. Já foro *dismanchá* o negócio, dizendo que *bêudo* num pode *fazê* negócio certo. Se *num sô home, vô sumi* e eles *num* vão *mai mi achá*.

— *Num fai* isso não, *cumpadre!* Eles *jogaro* fora seu garrafão de pinga porque *gosta docê*. Toma uma dose ou *dua* da minha e *dispoi* vai *durmi*, que amanhã vai *tá* tudo *arresorvido*.

— Que *arresorvido*, que nada! Já *fai* tempo que a coisa *tá* ruim. Quem é que suporta uma vida dessa? E esses *governo sanguessuga*, que só pensa em *enchê* o *borso* e a barriga? Será que eles *num percebe* que o povo da roça *tá* abandonado na miséria?

— Sabe? Eu acho que eles *pensa* do povo da roça a *mema* coisa que *os antigo patrão pensava* dos *escravo*.

— *Si* não *fô pió*!...

— Acho *inté* que eles *nem chega* a *pensá, si* não eles *podia achá* um meio de *miorá* a vida da gente.

— *Óia*, Andó. Eu chego a *pensá* que a vida dos *escravo* era *mió* que a nossa. Sabe por quê? Porque eles *sofria, trabaiava debaxo di* chicote, *mai* não tinha que *pensá* em comida, em *sustentá* a *famiya*, em *i no* médico, *na* farmácia. Quando chegava a hora da comida, *tinha* o que *comê*. Não *pricisava pensá* no preço do *fejão*, do *arroi*, da cebola. E os *patrão* não *queria* eles *fraco, pá tomá prejuízo*. Queria eles *forte* e com saúde.

Houve uma pausa. O Ricão abaixou a cabeça e ficou olhando um ponto indefinido no chão de tijolos já gastos. Andó aproveitou para olhar bem no rosto do compadre. Viu um grande abatimento. O vizinho, de fato, era um homem feio, enrugado, pinguço e infeliz. Tinha apenas dois dentes, como a maioria dos colonos, com a diferença que ele não tinha ainda mandado fazer dentaduras. Tinha o nariz enorme todo marcado de verrugas vermelhas. Sempre andava descalço. Diziam que a única vez em que ele calçou sapatos foi no dia do seu casamento. Mesmo assim, eram botinas, sem meias. Ficou com as botinas apenas dentro da igreja, porque ao terminar a cerimônia, a primeira coisa que fez foi descalçá-las. Tinha seis filhas e um filho. A filha mais velha, Isaura, sofria de ataques frequentes e não se sabia o motivo. Era preciso ajudá-lo. Mas, como?

— Compadre? – chamou de improviso o Ricão – Será que *noi temo arma*?

— Que arma, compadre? – assustou-se o Andó.

— Diz que todas *pessoa* tem corpo e *arma*. *Intão*, se *noi temo arma* e *fomu criado pu memo* fim que *tudo* mundo, porque *havemo* de *sê* tão *deferente* dos *rico*?

— É que os *caminho pa i pu* céu são *deferente*. O nosso é cheio *di* espinho. *Mai* Deus sabe o que *fai, cumpadre.*

— Tomara que sim, Andó! *Mai,* toca umas *moda* na sanfona, *pá ispantá* a tristeza.

Bem que o Andó queria dar ainda algum conselho bom, mas o Ricão nunca ligou para religião. Era católico só de nome. Não sabia mais o que dizer. Abriu bem o fole da sanfona, disposto a iniciar um baião bem animado. Saiu quase só vento.

— *Tá* saindo bastante ar, *né cumpadre?*

— É, *vô vê* se *dô* um jeito de *mandá arrumá.* No fim da *coieta,* se Deus *quisé.*

Naquela noite o sanfoneiro não conseguir tocar nada de alegre. Só lhe vinham à cabeça valsas tristes e canções lentas. Tentou ainda brincar um pouco de fazer rimas, mas também não funcionou.

Dez

Os domingos, para nós crianças, em geral eram bem alegres. Costumávamos ir à missa, quando havia missa nas imediações, ou seja, num raio de até seis quilômetros. Íamos a pé, levávamos a fita azul de congregado mariano e, sempre que possível, ajudávamos à missa como coroinhas. Quase sempre íamos, o Mauro, eu e o primo Luizinho, à frente dos adultos que vinham caminhando e conversando. À tardezinha íamos à lagoa pescar traíras. Para tanto, pegávamos um enxadão e íamos até o brejo para arrancar minhocas, que havia em abundância naquele lugar. Carregávamos um bornal velho a tiracolo, onde depositávamos uma latinha com minhocas e colocávamos as traíras que conseguíamos pescar. As varas compridas eram feitas por nós mesmos com taquaras de bambu. A linha era um sondá, do comprimento das varas. Olhávamos o tempo, para ver se choveria. Costumávamos ter o seguinte diálogo, antes de pedir à mãe autorização para ir pescar:

— Será que hoje dá *pexe*?

— Se não *dé*, nada. Isso nos animava, porque se não estivesse bom para pescar, passaríamos o tempo nadando na lagoa, onde aprendemos a nadar.

Num domingo, quando voltávamos da missa no bairro da Ave Maria, distante cerca de três ou quatro quilômetros de nossa casa, íamos, o Luizinho, o Mauro e eu, à frente do pai e do tio Armando. O Luizinho falou assustado:

— Tem um *hómi* seguindo a gente.

Olhei para trás e vi um homem caminhando rapidamente na mesma direção que nós. O pai e o tio Armando haviam ficado para trás.

— Ele *tá* querendo *pegá* a gente!

Olhei novamente para trás e vi o homem mais perto.

— Corre que ele *tá* chegando!

Não sei se era verdade ou não que ele estava nos seguindo, mas em face do medo estampado no rosto do Luizinho, que saiu correndo, também corri e o Mauro veio em seguida. Corremos um pouco pelo caminho, que ladeava a lagoa onde costumávamos pescar e resolvemos pular a cerca de arame farpado que cercava a lagoa. Achávamos que se ficássemos na estrada o homem nos alcançaria.

Pulamos a cerca na corrida, sem tocar nos arames. O Mauro, que vinha por último, errou o pulo e acertou a canela no arame farpado, mas, assim mesmo, passou para o outro lado e continuamos correndo. Quando achamos que estávamos seguros, paramos e vimos que o Mauro estava com um corte profundo na canela, sangrando bastante. Resolvemos então ir até a casa da tia Iê, que morava próximo à lagoa, no outro lado. A tia Iê era casada com o tio Ico, que tinha um sítio à beira da lagoa, onde íamos às vezes buscar mangas. Lá havia muita fruta, que o tio Ico levava numa carroça para negociar nas redondezas. Ela fez curativo no ferimento e só então fomos para casa. Nossos pais estavam estranhando nossa demora e não sabiam o que havia acontecido, porque estávamos na frente. Então contamos o que havia acontecido e o pai, juntamente com o tio Armando voltaram ao local onde dissemos que o homem estava nos perseguindo, mas nada encontraram.

Eu estava ansioso para terminar logo o quarto ano do ensino fundamental, para poder ir para o seminário juntamente com o Mauro, que já o havia concluído e ajudava na roça. Nosso primo Luizinho, que era o filho mais velho da tia Assunta, irmã da mãe, também iria para o seminário. Brincávamos muito com o Luizinho. Uma de nossas brincadeiras favoritas era correr com um arquinho, ou seja, uma rodinha de metal, empurrada por um pedaço de pau com uma arame arqueado na ponta. Nós mesmos fazíamos esse brinquedo. Brincávamos de empurrar carrinho, também feito por nós com um pedaço de madeira e dois carretéis de linha. Sempre ficávamos de olho nos carretéis de linha que a mãe usava para costurar roupas, para que, quando terminasse a linha ela nos desse o carretel. Brincávamos também de jogar pião, bolinha de gude, malha e bocha. O campo de bocha era feito por nós no quintal, com a ajuda do pai, que também gostava de jogar bocha conosco. O Luizinho era filho de um dos fazendeiros vizinhos. Ele não participava de muitas de nossas pescarias na lagoa ou andanças pelo mato, porque o pai dele era menos liberal e não deixava. Ele tinha razão para isso, porque era comum encontrarmos cobras no banhado, no riacho e na lagoa. Geralmente éramos acompanhados pela Lila, uma cachorra vira-lata, que não nos largava nunca. Era uma exímia caçadora e matava todas as cobras que encontrávamos. Ela avançada sobre as cobras, pegava-as pelo pescoço, dava uns safanões e largava-as, para em seguida pegá-las novamente e sacudi-las, até matá-las. Talvez esse dom de caçadora viesse da necessidade de procurar alimento, porque nem sempre sobrava comida em casa para ela. Por vezes ela aparecia com uma lebre na boca. Nesses casos, dependendo da situação dos alimentos em casa, nós pegávamos a lebre e a limpávamos para a mãe prepará-la para a família. Numa das vezes em que resolvemos nadar no riacho que ficava perto de casa, o Luizinho nos acompanhou. Como não havia profundidade suficiente para nadar, sempre levávamos o enxadão e represávamos o rego, para formar um tanque em algum lugar um pouco mais amplo. Corríamos pela borda e pulávamos de cabeça na água suja. No fundo havia lama. Ele afastou-se para dar uma corrida antes de mergulhar, ajuntou as mãos como se estivesse em oração, fez pose e falou de maneira a fazer gozação do nosso próprio jeito de falar:

— *Vô dá* um *merguião*! – Correu, saltou para cima e pulou de cabeça na água. Depois de alguns segundos e muita agitação na água, saiu com as mãos na cabeça, sem conseguir falar nada e visivelmente zonzo. Finalmente, falou:

— Bati a cabeça no chão!

Felizmente a lama do fundo evitou um impacto maior que lhe poderia ter causado sérios danos. Víamos muitas cobras quando íamos pescar ou nadar na lagoa. Uma vez estávamos o Mauro e eu pescando com nossas varas compridas. Entramos na lagoa e avançamos até ficar com água na altura do peito. De repente, vi o Mauro debatendo-se e correndo desesperadamente para a margem. Perguntei-lhe o que havia acontecido e ele mal conseguiu falar:

— Uma cobra...

— E precisa *corrê* tanto por *causo* de uma cobra?

— É que ela *tava* enrolada na minha perna, querendo *entrá drento* do *borná* pra *comê* os *pexe*!

No grupo escolar, meu problema era a caligrafia. Minha letra era muito ruim e eu não conseguia melhorá-la. Perto do final do ano, o diretor chamou-me à diretoria e eu, tremendo de medo, ouvi sua ameaça:

— Se não melhorar a sua letra, você vai ser reprovado.

Isso para mim seria um problema muito grave, especialmente porque não poderia ir para o seminário. O Mauro e o Luizinho não esperariam mais um ano. Mesmo assim, o diretor mandou chamar o pai para conversar com ele. Fiquei envergonhado, porque, além de fazer meu pai perder o dia na roça para ir até à escola, isso nunca havia acontecido antes. Era a primeira vez que o pai iria à escola. Não pude acompanhar o pai na diretoria, mas o assunto era aquele mesmo. Se eu não melhorasse a letra, ficaria reprovado. Achei que o pai fosse ficar bravo comigo, mas ele restringiu-se apenas a deixar claro que, se eu não passasse de ano, não poderia ir para o seminário.

Enquanto isso, a grande preocupação era com o enxoval. Não tínhamos roupas suficientes e nem dinheiro para comprar o material necessário. Ouvi algumas conversas entre o pai e mãe sobre o assunto, em que se cogitava de pedir dinheiro emprestado do nono. A mãe chegou a sugerir que passássemos de casa em casa pedindo ajuda para o enxoval, mas o pai refutou a ideia, dizendo que isso era como pedir esmolas. Acho que o patrão, João Conti, conversou com o padre sobre a nossa dificuldade em arrumar o enxoval e o padre disse que isso não atrapalharia a nossa ida para o seminário. Deveríamos levar o que fosse possível. Dessa forma, os preparativos aumentaram. A mãe conseguiu fazer para cada um de nós um par de calças novas, um pijama e duas camisas feitas com pano de saco de açúcar, que foram tingidas de azul depois de prontas. As calças tinham tiras de pano, à guisa de suspensórios, pois não tínhamos cintos.

Onze

pós uma noite como aquela, barulhenta, com som de sanfona, risadas esculachadas de colonos que jogavam truco, vozerio de crianças que corriam e brincavam de cabra-cega e pega-pega, surgiu um dia claro, orvalhado e cheio de sol. E, apesar de tudo, chato. Levantei-me, rezei um pouco mais que o normal aos pés da cama. Fiquei um pouco mais porque era domingo e não havia missa por perto para assistir, nem condução para ir a outros lugares. Tínhamos apenas uma bicicleta velha, que geralmente estava quebrada, embora nós mesmos reparássemos os pneus quando apresentavam furos.

Fui à cozinha para tomar o café da manhã. Café puro e pão seco. Quando não era pão seco era polenta. Muitas vezes, de manhã, comíamos polenta com leite, porque tínhamos a facilidade de trocar alguns quilos de milho debulhado por uma certa quantia de fubá, diretamente no moinho de fubá movido a roda de água. Esse moinho ficava perto de casa. Haveria de ficar só com isso até ao meio-dia, porque nessa época não havia goiabas, nem mangas, nem maracujá ou outras frutas que pudéssemos procurar. Enquanto pegava uma caneca e procurava o bule já meio descascado, tive ímpetos de atirar tudo ao chão. Fazer o que durante o dia inteiro? Pescar? Não era uma época boa para isso. Caçar passarinhos? Não gostava muito e eu já começava a ter dó das aves. Jogar futebol? Ninguém tinha bola. Jogar baralho? O Mauro não estava com vontade de jogar só comigo, porque o pai já tinha ido para a venda. Resolvi sair com o estilingue na mão, nem que fosse apenas para caminhar por aí...

Lá pelas duas e meia o pai apareceu em casa para o almoço, que chamávamos de janta. Mal acabou de comer aquela espécie de macarrão que serviria para sopas - chamávamos de "subioti" - com feijão e sardinha seca, surgiu o Ricão na estradinha que passava pelo meio de pasto, em frente às casas da colônia. Caminhada devagar, como se fosse um autômato, raspando os pés no chão, olhando para baixo. Era uma figura estranha. Tinha um olhar embaçado que parecia sempre estar olhando para o nada. Calças arregaçadas e suspensas por um cinto de pano colocado a quase um palmo abaixo dos passantes. Descalço, dedos espalhados indicando várias direções. Um trapo sujo enrolando o dedão do pé direito, aquele que fora pisado pelo cavalo. Estava já meio tomado pela pinga.

— Compadre, *vamu pa* venda?

— Vim de lá agora *memo*.

— E eu com isso? *Vamu* de novo. *Tô discursuado di ficá* em casa.

— *Óia*, compadre. *Num* vai *dá*. Amanhã é dia de *pegá* no duro na roça...

— *Qualé? Ocê tá cum* medo de *apanhá* da *muié? Vamu si diverti* um *poco*. Só *trabaiá, trabaiá?...*

— *Tão bão! Intão vamu, mai* eu *vô vortá* logo.

Quando o pai foi pegar o chapéu para sair, a mãe falou:

— Já vai na venda *otra vei?*

— *Vô.*

— Porque *num* fica em casa ou vai na casa de *argum* parente? Tem que *ficá* o dia *intero* nessa *maledeta* venda?

Ele não respondeu e saiu pela estradinha junto com o Ricão.

À noite, a mãe ficou remendando roupas, depois que todos fomos dormir. Ela não dormia enquanto o pai não chegasse. Sabia que ele chegaria tarde, meio bêbado, resmungando muito, xingando e falando coisas que gostaria de falar para o patrão e outras pessoas que não estavam presentes. Ele ficava falando, falando, depois fazia uma ronda pela casa, para ver se todas as janelas e portas estavam fechadas e ia dormir. Seguia um ritual, conferindo as portas e janelas, dizendo umas palavras que nunca consegui entender:

— *Ná dexa náaa!.. Ná dexa ná dopo de potandáááno!*

Confissões de um seminarista apaixonado

A mãe ficava calada. Levantou-se da cadeira, esfregou os olhos com as costas da mão e foi olhar se a Cecília estava coberta no berço. Rosina já tinha a vista cansada, mas não dizia nada, porque não haveria dinheiro para ir ao médico e muito menos para comprar óculos. Sabíamos disso, porque sempre que precisava passar a linha pelo buraco da agulha, pedia a um de nós, dizendo que nós tínhamos vista boa.

Foi ver as horas no despertador. Mais de meia noite. Às cinco deveria estar de pé e aprontar tudo para ir à roça. Olhou a escuridão pela porta da sala. Nenhum barulho, nenhum assobio. Ele vinha quase sempre assobiando alguma canção. Isso era sinal de que não havia bebido muito. Encostou a porta e deitou-se, possivelmente rezando, esperando que o marido chegasse, porque não dormia enquanto ele não estivesse também deitado.

Doze

inalmente chegou o dia em que deveríamos ir para o seminário. Já havíamos passado na casa dos parentes mais chegados, para nos despedirmos. Quase todos eles nos diziam que tínhamos sorte de ir para o seminário, para poder escapar da enxada. Nós sempre respondíamos que queríamos nos tornar padres e não escapar da roça. Tinha eu então onze anos e o Mauro treze. O Luizinho tinha doze.

Nossas poucas roupas do enxoval haviam sido marcadas com uma numeração feita com linha vermelha e agulha. O meu número era 2-66, o do Mauro era 2-65 e o do Luizinho era 2-64.

Não me lembro da despedida. Acho que apenas nos cumprimentamos dando a mão, porque nunca tivemos o hábito de nos abraçarmos e beijarmos, embora soubéssemos que éramos queridos pelos pais e pelos irmãos.

Fomos a Jaú, na carroceria do caminhão do João Conti, levando conosco um diminuto enxoval dentro de um saco branco. O seminário era uma construção de três andares, que fazia frente para a praça da igreja de São Benedito. Tinha um grande pátio, com duas mangueiras no meio, um espaço grande para horta e outras plantações, mas não havia qualquer piscina. Isso trouxe alguma decepção, pois o padre que foi à nossa casa convidar-nos para ingressar no seminário havia falado claramente da piscina, mas não foi motivo suficiente para nos desanimar. Mais tarde ficou claro que a piscina ficava num sítio em Itapuí, onde os seminaristas iam a passeio umas duas vezes por ano.

No andar superior ficavam dois grandes dormitórios, onde as camas eram colocadas lado a lado, tendo aos fundos um conjunto de lavatórios. No outro lado do corredor ficavam os banheiros e alguns quartos, onde dormiam os padres. No andar térreo, de frente para a praça, havia uma escadaria em forma de ferradura que dava para a porta de entrada, onde havia duas grandes letras "MC", significando

Missões Consolata, mas os seminaristas gostavam de interpretar como sendo "maior cadeia". No andar de baixo havia basicamente dois refeitórios, sendo um para os seminaristas e um para os padres e um salão com palco. Uma terça parte do prédio era ocupada pelas freiras missionárias da Consolata, que cuidavam da comida e das roupas dos padres e seminaristas, mas não tínhamos acesso a essas dependências. Apenas uma vez fui conduzido para o interior dessa ala, para ser atendido por uma freira muito dedicada, que examinou meu tornozelo após uma torção sofrida num jogo de futebol. O fato abaixo ficou gravado em minha memória como um dos mais constrangedores.

Uma vez por semana jogávamos futebol num campo que ficava distante cerca de dois quilômetros, para onde íamos a pé, em duas filas indianas. Houve uma bola prensada, em que meu pé se chocou com o pé do atacante, que era mais forte do que eu. O tornozelo inchou e doía muito, mas eu tive que aguardar o final do jogo e voltar andando para o seminário, com muita dor, mal conseguindo colocar o pé no chão. Quando a freira estava examinando, talvez em razão da dor, escapou-me um sonoro "pum". A freira, muito atenciosa, não conteve o riso. Acho que isso fez com que minha vergonha aumentasse.

Havia cerca de sessenta seminaristas. A disciplina era rigorosa. Éramos acordados às seis horas, com uma sineta estridente. Tínhamos quinze minutos para nos trocarmos debaixo do lençol, escovar os dentes, lavar o rosto e ir ao banheiro. Íamos à capela, que ficava no centro da construção, entre a ala dos seminaristas e a das freiras, para as orações da manhã, exame de consciência e sermão. Logo em seguida, havia missa.

Após a missa, íamos diretamente, sempre em fila e em silêncio, para a sala de estudos, onde ficávamos até às oito horas, quando tocava a sineta para o café da manhã. O restante da manhã era dedicado às aulas. Em todas as atividades, exceto durante as aulas, éramos acompanhados por um padre, designado como "assistente". Ele nos vigiava desde o momento em que acordávamos até estarmos deitados.

Após as aulas, que eram intercaladas por um único

Confissões de um seminarista apaixonado

período de quinze minutos para recreio, íamos novamente à capela, para as orações do meio-dia.

O almoço era bem melhor do que na minha casa. Comíamos em silêncio, ouvindo a leitura de um livro, feita por um dos seminaristas, de cima de um púlpito. O cardápio era composto de sopa, uma fatia de pão, o prato principal e uma sobremesa, que geralmente era uma fruta ou sagu. Mas, havia um problema: os pratos já vinham feitos e devíamos comer tudo o que estava nele, quer gostássemos ou não. Naquela época eu não gostava de alguns legumes e saladas, como beterraba, berinjela e jiló. Eu só gostava de tomate, alface, repolho, quiabo e almeirão em salada. Mas, fui me acostumando a comer de tudo e hoje dou graças àquela disciplina, pois passei a comer de tudo. Havia, porém, uma espécie de verdura cozida, amarga e sem gosto, que até hoje não sei bem do que se tratava e que era servida quase todos os dias. Acho que era almeirão cozido. Era meio amargo e horrível. Ninguém gostava. Acostumei-me a comer aquilo, engolindo sem mastigar, com o auxílio de goles de água.

Alguns colegas não conseguiam comer e sorrateiramente passavam para o prato de algum vizinho que se dispunha a comer a tal verdura preta. Porém, isso nem sempre era possível, porque os lugares à mesa eram determinados pelo padre assistente. Havia um colega que não conseguia comer essa verdura, sem sentir ânsia de vômito. Era o Carlinhos. Dessa forma, ele às vezes abria a gaveta da mesa e depositava nela a gororoba, quando o padre não estivesse olhando. Um dia o padre descobriu a artimanha. Havia uma quantidade considerável da verdura na gaveta, já coberta por uma espécie de mofo branco. Não sei como o padre ficou sabendo que o autor da façanha era o Carlinhos. Provavelmente pela posição tomada na mesa. Chamou-o então para o refeitório, juntamente com vários seminaristas e obrigou-o a comer uma boa parte daqueles restos, na frente de todos nós, depois de lhe ter aplicado alguns croques na cabeça.

Os croques consistiam em cascudos dados na cabeça com os nós dos dedos da mão fechada. Levantavam galo na hora.

Comecei então a ver que a vida de seminário não ela tão boa como imaginava, mas isso não nos desanimava. Eu estava convencido de que tinha vocação e deveria perseverar no chamado que havia recebido. Pelo menos era isso que nos dizia o padre assistente todos os dias. Em quase todas as perorações, os padres nos inculcavam na cabeça que tínhamos sido chamados a ser padres e que devíamos enfrentar todas as dificuldades para atingir a meta. Alguém chegou até a nos relatar, em alguma ocasião, que determinados seminaristas abandonaram o seminário e logo em seguida morreu alguma pessoa importante da família.

Depois do almoço tínhamos cerca de uma hora de recreação, durante a qual devíamos praticar algum tipo de atividade física. Algumas vezes era futebol ou queimada. Na maioria das vezes era organizada alguma forma de brincadeira, em que necessariamente todos devíamos correr.

Após a recreação, cuidávamos da limpeza da casa. Cada um recebia uma tarefa, que era exercida todos os dias. Minha primeira tarefa foi a limpeza de três salas, um banheiro e a escadaria da frente, que compunham a recepção do seminário. Eu devia varrer as escadas e lavá-las em seguida com sapólio. Depois, tinha de limpar o banheiro, passar o esfregão nas três salas cujo chão era de taboas de ipê, varrê-las e tirar o pó. Eu era um dos seminaristas de menor estatura do seminário, de modo que o esfregão era pesado para mim. Às vezes eu ficava cansado de empurrar o esfregão e parava uns instantes para apoiar o braço no cabo. Dava azar, porque quase sempre nessa hora aparecia e padre assistente e me dava bronca por estar parado. Depois de algum tempo, quando foi feita a redistribuição das tarefas, pedi a ele que me desse outra incumbência. Fui atendido prontamente. Ele incumbiu-me de limpar os banheiros dos seminaristas e dos padres. O trabalho era mais leve, embora menos nobre. Eu tinha de correr com o serviço para conseguir limpar tudo. Um dia o assistente chamou-me ao banheiro e bronqueou, porque os vasos sanitários estavam ainda um pouco molhados. Quando da nova redistribuição de tarefas, ele mandou que eu continuasse

Confissões de um seminarista apaixonado

a limpar os banheiros, porque eu ainda não havia aprendido a fazer direito essa tarefa. Mesmo assim, eu me considerava feliz, porque o Luizinho, que era provavelmente o mais inteligente seminarista, que tirava sempre as melhores notas, limpava as privadas externas, daquelas em que as pessoas apóiam os pés sobre a bacia horizontal presa rente ao chão, sempre sujas pelas marcas dos pés e de cocô.

Tínhamos cinco minutos para o chuveiro, na hora do banho. A tarde era dedicada a horas de estudos e às vezes algumas aulas de civilidade, em que nos ensinavam boas maneiras.

Tínhamos merenda, no meio da tarde, em que geralmente nos serviam duas fatias de pão francês, com queijo ou marmelada no meio.

Após o jantar, havia um pequeno intervalo e em seguida a reza do terço na capela. Mais uma ora para estudos e então tocava a sineta que marcava o início do período de "silêncio rigoroso". Esse silêncio somente poderia ser quebrado em casos muito graves, como risco de vida ou incêndio. Não era permitido conversar nem baixinho. Tínhamos então as orações da noite na capela, exame de consciência e subíamos para o dormitório. Mais uma oração aos pés da cama, dez minutos para escovar os dentes e ir ao banheiro e então as luzes eram apagadas pelo assistente, que continuava a rondar pelo dormitório e pelo corredor.

Aos domingos vestíamos um terno azul marinho, camisa branca, gravata preta, boina preta, sapatos e meias pretas e assistíamos a duas missas na capela, na parte da manhã. À tarde podíamos receber a visita de parentes, uma vez por mês. Meus pais não vieram no primeiro domingo e nem nos outros. Eu sabia que eles não poderiam vir sempre. Sentia saudades de casa, mas era suportável.

Num dia da semana, o assistente chamou a mim e ao Mauro e disse que tínhamos visita. Estranhei, pensando que o pai teria vindo para nos levar de volta para casa. Quem nos aguardava era o patrão João Conti. Levou-nos a uma loja de roupas na cidade e comprou-nos um terno azul marinho cada um, um par de sapatos, um par de meias pretas e uma gravata preta. Esse traje era obrigatório aos domingos e nós, evidentemente, não tínhamos. Perguntamos quem estava pagando e ele respondeu que havia uma senhora, uma fazendeira, que contribuía financeiramente com o seminário, e que me havia "adotado". Assim, uma parte dos recursos estava sendo usada para comprar aquelas roupas. Bem depois fiquei sabendo que parte do dinheiro seria do pai e havia sido "descontada" dos serviços da roça.

No domingo seguinte, já sabendo quem era a minha madrinha, aproveitei a hora de estudos "livres", em que eram permitidas leituras de livros diversos, mas rigorosamente aprovados pelos padres, para escrever uma carta a ela. Comecei a carta mais ou menos assim: "É nesta bela manhã de domingo, em que o sol brilha nas tranças dos galhos mais altos da mangueira e em que os pardais cantam animadamente pulando de um lugar para outro, que me ponho a derramar sobre o papel aquilo que me vem da alma." Aproveitei para agradecer a generosa colaboração dela e dizer da minha vontade férrea de perseverar na vocação.

Escrevia também para meus pais, contando maravilhas do seminário e dizendo como eu era feliz. A comida era ótima e eu ia muito bem nos estudos. Iria fazer de tudo para ser padre e recompensar com isso o esforço que eles estavam fazendo.

Depois de uns dois meses, eu já havia visto muita gente tomar croques na cabeça, por motivos diversos. Estava feliz porque ainda não havia recebido nenhum. Faria de tudo para não dar motivos.

Certa manhã, ainda sonolento, era minha vez de servir de coroinha durante a missa. Quando chegou a hora de entregar ao celebrante as galhetas de vinho e água, eu estava distraído e demorei alguns segundos para me aproximar do altar e oferecer ao padre as galhetas. Ele olhou para traz com um olhar que me gelou a alma e não disse nada. Tinha o pressentimento de que aquela distração não passaria em branco. Após a missa, na sacristia, enquanto o padre retirava os paramentos, havia um completo silêncio e eu achei que minha distração seria perdoada. Todavia, ele virou-se para mim, e sem dizer nada, desferiu-me um tremendo croque na cabeça. Chorei, não sei se pela dor ou pela decepção de ter sido castigado fisicamente pela primeira vez. Depois disso recebi croques ainda outras poucas vezes.

Treze

Sol quente. Os colonos faziam a carpa, com "chapas", enxadas largas que cortavam o mato que teimava em brotar e crescer na terra roxa do cafezal. O Andó estava sozinho, pois a Laura havia ido buscar a janta em casa e o Toninho à escola, enquanto a Rosina terminava de preparar a comida.

O Andó parou por uns instantes, enxugou o suor da fronte com a manga da camisa, apoiou-se no cabo da enxada e ficou olhando para um pé de pepinos que nasceu e cresceu no meio do cafezal. Estava carregado. Haveria mistura para várias refeições.

Nisso, chegou o administrador, que costumava andar a pé pelo meio do cafezal, para acompanhar o trabalho dos colonos.

— O que é isso aí, rapaz? – A pergunta era uma bronca, porque normalmente ele costumava cumprimentar os empregados.

— *Pipino*.

— O trato diz que não pode *prantá* nada no meio do café. Só milho e feijão, na forma como vem sendo feito.

— *Tá* cheio de *pipininho...*

— Não tem importância. Corta isso aí!

O olhar de indignação estampado no rosto poeirento do colono parecia o anúncio de uma séria discussão. Mas, a lembrança dos filhos no seminário e das crianças ainda por criar fez com que ele emudecesse. Lembrou que somente ele e a Laura tinham que dar conta do trabalho e sustentar o restante da família. A Laura já estava namorando e em breve se casaria e teria sua vida. O Toninho era pequeno e estava ainda na escola primária. A Luzia ainda era criança e o Adelino era bebê. Tomou resoluto a enxada e foi direto ao tronquinho da planta, decepando-o com um golpe nervoso. Sem dizer nada, virou as costas para o administrador, voltou-se para o local onde havia parado de carpir e retomou o trabalho, engolindo com poeira as lágrimas que não chegaram a aflorar.

Mal os colonos haviam chegado da roça, ouviu-se um grito de mulher. Era o grito que precedia sempre os ataques que a filha mais velha do Ricão tinha em média a cada vinte ou trinta dias. Ao lado, estava o irmão que era um ano mais novo, com um cinto de couro nas mãos.

— Aí sua morfética! Puta, sua *disgraçada*!

E, como não podia açoitá-la com o cinto, porque estava desmaiada, desferiu-lhe um pontapé nas costelas.

As sombras compridas dos eucaliptos desapareceram. A noite vinha lenta e trazia frio. Quando as primeiras estrelas brilharam no céu, começou a aparecer a luz das lamparinas no interior das casas da colônia. Os porcos gritavam à espera de algumas espigas de milho ou um pedaço de mandioca ou abóbora. Gritos, choros de crianças, palavrões, cantos, assobios e canções se misturavam ao lusco-fusco. Uma das irmãs da moça que desmaiara estava na tina de água, lavando os pés e cantava com voz forte e sem requintes:

— São João *tava* sentado e se pôs a *imaginá*: todo santo tem seu dia, o dele quando será...

À luz mortiça do ocaso, surgiu o Ricão pela porta da cozinha. Parecia carregar o desespero no semblante. Não parecia bêbado, mas o seu olhar causou calafrio no Andó.

— Compadre Andó, *num guento mai*. *Vô dá* um jeito nessa vida *mardita*.

Dizendo isso, afastou-se. Dessa vez, não se arrastando, como de costume, mas de maneira mais resoluta. Deixou o Andó falando sozinho, matutando se devia ir ao encalço dele ou deixar a "reiva" passar.

Instantes depois ouviu-se o estampido de um tiro. Gritos. Barulho, confusão, correria, choro desesperado. O Andó correu para a casa do vizinho e viu o Ricão estendido sobre a

Confissões de um seminarista apaixonado

cama, numa poça de sangue. No chão, a velha garrucha, que ninguém se atreveu a tocar. A agonia durou pouco. Respiração rouca, difícil, contrações, um esforço trêmulo das mãos agarrando a coberta, um estremecimento... Nada mais podia ser feito. O homem havia cumprido a promessa.

Isso foi contado de maneira bem resumida, numa das poucas cartas que recebemos de casa. Essas cartas eram escritas pela Laura, mas em parte ditadas pelo pai. Os detalhes foram contados quando da primeira vez que retornamos à nossa casa, por ocasião das férias anuais, em janeiro.

No primeiro ano de seminário, recebemos a visita do pai apenas duas ou três vezes durante o ano todo. Ficamos sabendo mais tarde que a primeira visita que ele nos fez, foi para tirar-nos do seminário. A vida em casa estava muito difícil e ele tinha sido convencido pelos parentes e vizinhos a nos levar de volta para casa. Mas, quando ele chegou, não falou nada. Sentamo-nos na sala de visitas e, depois de alguma conversa, pedimos a ele para aguardar um pouco, pois iríamos ver se seria servido um almoço a ele, já que isso era costume para com os pais. Queríamos muito mostrar-lhe que a comida do seminário era boa. De fato, a comida servida às visitas não era ruim. Era a mesma que era servida aos padres e era melhor do que a dos seminaristas.

Primeiramente veio uma cestinha de fatias de pão e um prato de sopa. Nós apenas assistíamos ao pai comendo, pois nós já havíamos almoçado. Ele comeu com vontade a sopa, atochando o pão no caldo. Dissemos a ele que ainda viria o prato principal, mas ele não acreditou. Como estava com fome, comeu tudo. Depois veio salada e depois o prato principal, com macarrão e carne. A essa altura ele já estava satisfeito e comeu pouco. Ainda veio sobremesa e café. Ele elogiou muito a comida e não teve coragem de dizer o motivo pelo qual viera nos visitar. Apenas indagou se estávamos contentes. Soubemos depois que ele descrevia detalhadamente a todos os vizinhos e parentes o almoço que tivera, quando lhe perguntavam por que não nos tirara do seminário.

Quatorze

A rotina de estudos e orações, no seminário, fazia com que não houvesse muito tempo para ficar alimentando a saudade de casa. O Mauro ajudava muito nas dificuldades que eu tinha em algumas matérias, mas havia um grande vazio dentro de mim. Em casa nunca fomos habituados a receber beijos e abraços, mas eu sentia falta de carinho. Sentia inveja dos seminaristas que recebiam a visita dos pais e eram abraçados por eles. Por outro lado, sentia-me vitorioso quando algum seminarista deixava o seminário, pois eu continuava lá, estudando e preparando-me para ser padre.

A formação interior era uma preocupação constante dos padres, provenientes de uma congregação religiosa de natureza fechada. Importavam nossas atitudes, nossos gestos, nosso palavreado, nosso empenho nas orações, nossos pensamentos. Tudo era objeto de rigoroso tratamento. Quando comungávamos, por exemplo, sabíamos que não podíamos deixar que a hóstia entrasse em contato com os dentes. Isso seria pecado. Muitas vezes fui confessar-me por causa disso.

De vez em quando, aos domingos à tarde saíamos a passeio, que consistia em sairmos a pé, em fila de dois a dois, menores na frente, maiores atrás, andando pelas calçadas de Jaú, vestidos de terno e gravata. As pessoas olhavam para nós e faziam comentários simpáticos ou desagradáveis. Éramos orientados a não olhar para as pessoas. Uma vez tivemos sorte e paramos em frente a uma sorveteria, onde ganhamos um sorvete cada um. Uma vez por mês ou a cada dois meses, fazíamos um passeio de verdade. Íamos de caminhão até alguma fazenda ou sítio, onde passávamos o dia brincando e caçando passarinhos. Geralmente éramos autorizados a comer jabuticabas, mangas, goiabas ou outras frutas no pomar. No final do dia, em agradecimento, cantávamos algumas canções às pessoas que nos acolhiam. A alegria era completa quando havia rio ou piscina onde pudéssemos nadar.

As aulas eram ministradas por padres. No primeiro ano

de seminário já tínhamos aulas de Análise Lógica, Religião e Civilidade, além das matérias do curso de Admissão. Somente no ano seguinte iniciaríamos os três anos de Ginásio. Alguns dos padres professores eram rigorosos e davam muitos exercícios para fazer. O professor de Português era o padre assistente. Ele nos obrigava a decorar a conjugação de tempos verbais, poesias ou partes de poemas. Se na aula seguinte alguém não lembrasse de cor o texto, sofria castigos corporais, como ficar de joelhos num canto da sala até o término da aula, ou tomava golpes de régua. Lembro-me de um colega que, chorando, era obrigado a conjugar o pretérito perfeito dos verbos "apanhar e chorar":

— Eu apanhei e chorei, tu apanhaste e choraste, ele apanhou e chorou... - Mas eu levava tudo a sério, empenhado em não tomar muitos croques na cabeça, que eram aplicados quando a memória falhava.

Após o almoço, no recreio que consistia em atividade física, quando não jogávamos futebol, queimada ou correlenço, tínhamos que participar de alguma espécie de brincadeira, onde corríamos o tempo todo. Somente era dispensado quem estivesse machucado ou doente. Um dia um colega pediu para ser dispensado, porque estava com o pé machucado. O padre assistente não o dispensou, alegando que era preguiça. Como houve insistência, ele ficaria de castigo, esperando de joelhos o término do recreio. Senti que a alegação era verdadeira e fiquei com pena dele. Levado por esse sentimento e lembrando-me do exemplo de alguns santos que se sacrificavam pelos outros, cometi o atrevimento de pedir que eu fosse castigado no lugar dele. O padre aceitou irritado a minha proposta, mas mandou que eu ficasse ajoelhado em frente a alguns caixões de abelha Europa, que ficavam na entrada da horta, enquanto o colega cumpria normalmente seu castigo. Estava calor e as abelhas esvoaçavam ameaçadoramente. Alguns colegas solidários me orientavam a ficar imóvel, para não ser atacado pelas abelhas. Mesmo assim, senti uma ferroada no rosto. Continuei

Confissões de um seminarista apaixonado

parado, mas outras me atacaram. Quando percebi que seria picado por muitas abelhas, abandonei o castigo e saí correndo. O castigo não prosseguiu, mas fiquei com o rosto bastante inchado, por ter recebido cerca de meia dúzia de ferroadas. O rigor da disciplina nem sempre era suficiente para que deixássemos de ser crianças e moleques. Havia um seminarista que era filho do prefeito de uma cidade do interior do Estado, o Dorival. Sempre que seus pais vinham visitá-lo traziam doces, especialmente mantecau. Ele costumava esconder os doces, ao invés de entregá-los ao padre, como era de regra, para comê-los à noite, na cama, depois que as luzes fossem apagadas. Os vizinhos de cama ganhavam sempre algum doce. Numa dessas noites, apagadas as luzes, começou um murmurinho de vozes contidas:

— Dorival, quero mantecau!
— Dorival, também quero mantecau!
— Fica quieto que o padre ainda não foi dormir.

Vários seminaristas levantaram-se foram até a cama do Dorival para pegar um pedaço de doce, entre risos e correrias.

— O padre vem vindo! – falou alguém e o silêncio rigoroso voltou a imperar.

Mas, já era tarde. O padre assistente entrou no dormitório, acendeu as luzes e mandou que todos os que haviam quebrado o silêncio rigoroso se apresentassem. Houve uma certa relutância e uns dois ou três se apresentaram.

— Havia mais gente. Se não se apresentarem, todos serão castigados.

Como ninguém mais se apresentou ele determinou que todos se levantassem. Havia seminaristas que estavam dormindo, mas foram acordados. Fomos todos levados ao corredor que ladeava o dormitório e colocados em fila indiana, de joelhos no chão de cerâmica.

— Agora todos estendam os braços. Assim, como asas de avião, bem esticados.

Alguns tentaram protestar, dizendo que não participaram das conversas e outros alegaram que já estavam dormindo, mas de nada adiantou. Todos devíamos ficar de joelhos, de braços abertos, em silêncio. Depois de um certo tempo, os braços começam a doer e a pesar. É impressionante como pesam os braços depois de estendidos por certo tempo. Quando alguém os baixava recebia tapas. Ficamos assim por uma hora. Essa foi provavelmente a hora mais demorada de nossas vidas.

Havia o caso daquele seminarista que sofria de incontinência urinária e que nas manhãs seguintes àquelas em que havia urinado na cama era obrigado a carregar o colchão nas costas para expô-lo ao sol. Era necessário, porque o cheiro impregnava o dormitório. Dava pena vê-lo exercendo tal tarefa, humilhado e cabisbaixo, sem que fosse feita qualquer coisa para resolver o seu problema.

O rigor e os métodos educacionais empregados naquele tempo seriam motivo, nos dias de hoje, para processos e escândalos, mas se vistos na conjuntura da época, eram normais e aceitáveis.

Nas poucas vezes em que o pai vinha nos visitar, sempre indagava insistentemente se estávamos contentes e se queríamos continuar. Nossa resposta era sempre decididamente afirmativa. Diariamente, nas palestras e sermões, o tema sempre voltava: era preciso perseverar na vocação sacerdotal. Havíamos sido chamados por Deus para nos dedicarmos à vida religiosa e devíamos sempre ter uma atitude de "sim", um "sim" resoluto e incondicional. Éramos privilegiados por ter sido escolhidos.

O que não sabíamos com a profundidade real é que o pai enfrentava muitas dificuldades para sustentar a família, mesmo não tendo grandes despesas conosco. A pressão dos parentes e vizinhos para que nos tirasse do seminário era forte. Ele invariavelmente respondia que não tinha tido oportunidade de estudar, mas que os meninos a teriam.

— *Si* não *ficá* padre, eles *pode virá médico, devogado, ingenhero, professô.* Eles *tão* tendo a chance de *iscapá* da *inxada* e eu não *vô atrapaiá* isso.

Confissões de um seminarista apaixonado

Quando a mãe estava para dar à luz, era levada de caminhão até Jaú, para ficar na casa da vovó e da tia Olívia. Elas eram o nosso refúgio na cidade, nos momentos mais difíceis. Era muito arriscado ficar na roça naquele estado. Quando chovia, era impossível ir até à cidade de caminhão, por causa da estrada barrenta. De outra forma não daria tempo de ir até à Santa Casa para ganhar o nenê.

Enquanto isso, a Laura já estava namorando o João, filho do Mané Português. Isso afligia ainda mais nossos pais, que sabiam estar chegando a hora de a Laura casar-se. Então eles ficariam inteiramente sozinhos para sustentar a família.

À medida que o tempo ia passando, tínhamos certeza de que não ficaríamos reprovados em nenhuma das disciplinas da Admissão. Estudávamos com afinco. No início de janeiro poderíamos finalmente tirar férias e ir para casa por um mês.

Antes das férias, o vovô ficou muito doente e, por sugestão de parentes, pedimos permissão para visitá-lo, rapidamente, já que estava muito mal e a casa dele ficava a cerca de seis ou sete quadras do seminário. Não sei qual a doença que ele tinha, mas acho que era câncer. O pedido foi recusado, sob a alegação de que, se fôssemos, todos os outros seminaristas também teriam o mesmo direito, mesmo que os parentes morassem longe. Poucos dias depois o pai passou no seminário para nos avisar que o vovô havia falecido.

Quinze

Quando finalmente chegaram as férias, fomos para casa. Estávamos ansiosos para ajudar o pai e a Laura na roça, mas isso não era fácil, porque naquele mês de janeiro choveu muito. Quando chovia não havia carpa, pois com a terra molhada o mato capinado não morre. Nos dias de chuva os colonos eram chamados para roçar o pasto, limpar o córrego, arrumar cercas de arame farpado ou destocar o brejo. Esses serviços não podiam ser feitos por crianças. Assim, tínhamos que ficar em casa e ajudar a mãe nos serviços domésticos. Quando possível, ela ia para a roça e nós ficávamos cuidando dos irmãos menores.

As dificuldades financeiras da época transpareciam nas refeições. Havia dias em que não havia feijão e então a comida se resumia em arroz e ovo frito, ou arroz e abobrinha ou alguma verdura colhida na horta. Outras vezes o arroz ou o "subioti" não eram suficientes e então tínhamos que completar a refeição com uma "feta" de pão que a mãe fazia uma vez por semana. Víamos a preocupação do pai e da mãe em nos proporcionar uma refeição decente, porque sabiam que a comida no seminário era melhor do que a de casa. Hoje tenho certeza de que muitas vezes a mãe comia muito pouco e alegava que estava com dor de "stómigo", mas na verdade era para que houvesse o mínimo necessário para o marido e os filhos. Outras vezes ela dizia que estava com dor nas "cadera". Percebi isso claramente uma vez que havia carne de segunda, o que era raro. Não o fato de a carne ser de segunda, mas sim de haver carne. A carne tinha muita pelanca, mas foi cozida assim mesmo. Ao fazer os pratos para nós, seminaristas, ela escolheu os melhores pedaços, deixando as pelancas para eles. O pai notou e disse para a mãe que ela não precisava exagerar. Nesse dia fiquei envergonhado e com pena deles. Jurei para mim mesmo que nunca reclamaria da comida em casa.

Uma tarde fomos pescar junto com o pai na lagoa

dos Grizzo, que ficava mais distante que a lagoa onde costumávamos pescar e nadar. Era uma lagoa grande, cercada de touceiras de capim barba-de-bode. Mal entramos na lagoa, com água à altura do umbigo, o pai fisgou a primeira traíra. Deu um puxão forte, de tal maneira que o peixe foi cair fora da água, no meio das touceiras de capim. Mandou que eu fosse pegar o peixe. Logo em seguida puxou novamente e outra traíra caiu no capinzal. Ele mandou então que eu ficasse lá mesmo, porque estava pegando bastante, e todas as traíras eram arremessadas para fora da lagoa. A essa altura, já estava escuro, pois a noite havia chegado. Invariavelmente os peixes caiam nas moitas de capim e eu tinha que encontrá-los. Comecei a ficar com medo de cobra, pois não tínhamos qualquer farolete ou lanterna e era preciso revolver as moitas de capim com as mãos para pegar os peixes. Por vezes eu hesitava, pois não sabia se o movimento do capim era provocado pelo peixe ou se havia lá alguma cobra. O pai procurou me acalmar, dizendo que se havia barulho era de peixe e não de cobra. Apesar de não ter pescado e de ter passado muito medo, voltamos felizes, porque havia peixe suficiente para a mistura de duas refeições.

O Mauro e eu estávamos preocupados em ajudar na roça e ganhar algum dinheirinho para comprar algumas roupas. Fui visitar minha madrinha de seminário, numa fazenda distante cerca de dez ou doze quilômetros, no bairro do Iguatemi. Saí cedo e fui de bicicleta. A mãe insistiu em que eu devia pedir algum dinheiro à minha madrinha, para comprar as roupas.

Estava ansioso, porque não a conhecia pessoalmente e não sabia como seria recebido. Ela morava na sede da fazenda, numa casa grande e bem mobiliada. Para meu alívio, fui muito bem recebido por ela, que me mandou entrar e sentar-me na sala de visitas. Depois de alguma conversa sobre os estudos no seminário, ela convidou-me para almoçar. Todo envergonhado, aceitei o convite e almoçamos, ela e eu, servidos por uma empregada. Procurei praticar todas as regras de civilidade que havia aprendido no seminário: não comer de boca aberta, não colocar os cotovelos sobre a mesa, usar o garfo na mão esquerda e a faca na direita, esperar que a dona da casa se sentasse e se

Confissões de um seminarista apaixonado

servisse primeiro, colocar o guardanapo sobre as coxas. Acho que ela ficou bem impressionada. No final do almoço criei coragem e perguntei se ela poderia ajudar-me a comprar algumas roupas. Ela gentilmente negou, dizendo que os padres naquele ano iriam para Santa Catarina, onde as roupas eram mais baratas. Não insisti e voltei para casa com um misto de alegria e decepção. Quando expliquei em casa que ela se recusara a dar o dinheiro para as roupas, explicaram-me que havia umas conversas de que ela estava falida. Achei um pouco estranho, pois a casa era muito grande e bonita, mas aceitei o argumento. Alguns anos mais tarde ficou evidente que a fazenda dela enfrentava sérias dificuldades financeiras. O fato é que eu nunca fiquei sabendo qual era o valor da contribuição que ela fazia para o seminário. Continuei a lhe escrever cartas, sempre dizendo que eu ia bem, estava perseverando na vocação e agradecendo muito pela generosidade dela. O fato de haver alguém ajudando a custear meus estudos fazia com que fosse afastada qualquer ideia de desistir da vocação.

O problema do dinheiro para as roupas não estava resolvido. O pai insistiu junto ao patrão para que pudéssemos, o Mauro e eu, dar uma carpa no café, enquanto ele e a Laura trabalhavam "por dia", ou seja, em serviços outros que não os cuidados com o cafezal que estava a cargo do pai e, portanto, remunerados separadamente. Um belo dia o pai nos informou que podíamos dar carpa no talhão de café de baixo, que tinha as melhores terras e também tinha mais mato para capinar. Ficamos felizes e começamos no dia seguinte bem cedo.

O Mauro queria mostrar que éramos capazes de fazer o mesmo serviço que os homens faziam, talvez até mais. Então começou a capinar ferozmente, sem perda de tempo. Eu não conseguia acompanhá-lo, por mais rápido que procurasse capinar. Então ele observou que eu caprichava muito, não deixando nenhum brotinho de mato e que isso não era necessário. Fui conferir o trabalho dele e constatei que de fato ele deixava alguns matinhos sem cortar. Então fiz o mesmo. No final do dia estávamos muito cansados, mas havíamos capinado todo o talhão, fazendo num dia o serviço que havia sido estimado para ser feito em pelo menos três dias.

No dia seguinte esperávamos poder capinar outros talhões, mas tínhamos que esperar a autorização do patrão. O pai chegou em casa contrariado, dizendo que o patrão não havia gostado do serviço e que não poderíamos continuar com a carpa. Além disso, a carpa devia ser refeita pelos adultos. Achamos aquela avaliação muito severa, pois eram poucos os matinhos que ficaram sem ser cortados. Para piorar a situação, comentou-se algum tempo depois que o nosso serviço não foi pago. Não pudemos comprar as roupas, a não ser o mínimo indispensável, não sei com que recursos. Provavelmente o pai tomara dinheiro emprestado do nono mais uma vez.

Dezesseis

No ano seguinte, os estudos ficaram mais puxados. Havíamos então iniciado o curso ginasial, com todas as matérias normais, além de aulas de Canto Orfeônico, Civilidade, Religião e Análise Lógica. Vários de nossos colegas não voltaram das férias. Haviam desistido da vocação. Em contrapartida, ingressaram muitos outros meninos, vindos de diversos municípios da região, muitos dos quais eu nunca havia ouvido falar. O Carlinhos, aquele carioca que havia sido obrigado a comer verdura cozida estragada, foi um dos que não voltaram.

O Mauro, o Luizinho e eu, continuamos animados, estranhando como alguns poderiam não perseverar na vocação. O padre assistente era o mesmo. Assim, de vez em quando continuávamos recebendo croques ou reguadas. Havia padres muito bons, que além de ministrarem aulas, faziam belos sermões e nos animavam. Alguns jogavam futebol conosco, sem tirar a batina. A batina era de tecido preto e grosso e fazia muito barulho quando os padres corriam no campinho.

Fazíamos retiro uma vez por mês. Nos dias de retiro não podíamos conversar, nem nas horas de recreio. Apenas estudávamos, trabalhávamos, líamos matérias de cunho religioso, meditávamos e rezávamos muito.

Nessa época aprendi a jogar pingue-pongue, o que era permitido em alguns horários de recreio.

Nesse ano recebemos poucas visitas do pai e ficamos sabendo que tínhamos uma nova irmãzinha, a Clélia. Essa era uma das razões para aguardar ansiosamente o período de férias em janeiro, quando poderíamos ira para casa.

Ficamos sabendo que havia uma nova escola, na própria fazenda, onde nosso irmão Toninho cursava o primário, sem necessidade de caminhar para ir até à escola que frequentamos.

Naquele ano choveu tanto em janeiro que a terra não chegou a secar totalmente. Não conseguimos trabalho que rendesse um dinheirinho extra, mas ajudamos o pai na roça algumas vezes e capinamos o pomar e a horta. Brincamos pouco e pescamos poucas vezes por causa da chuva. Fomos visitar os parentes próximos. O Mauro gostava de ir à casa do nono, porque a nona nos servia bolinhos de chuva com massa crua por dentro. O Mauro adorava aqueles bolinhos. O café dela era muito fraco. O nono era uma figura curiosa. Usava cabelos compridos, numa época em que isso não era usual para homens. Apesar de já ter mais de setenta anos e tossir muito, ainda trabalhava na roça em seu sítio.

Naqueles tempos usava-se ir à casa de parentes, amigos ou vizinhos. Esse era um passatempo comum. Algumas vezes fomos à casa do João Conti para ouvir o noticiário "Reporter Esso" no rádio. Somente ele possuía rádio nas redondezas, ligado a um arame estendido entre dois paus plantados no chão, funcionando como antena. Um dia, ao ouvir um trecho de uma transmissão de jogo de futebol, fiquei impressionado com a velocidade com que o "speaker" descrevia as jogadas.

Fui novamente visitar a madrinha de seminário, que me recebeu bem e me convidou novamente para almoçar. Não me presenteou com nada e não tive coragem de lhe pedir dinheiro para comprar roupas.

Quando o pai tocava sanfona, o Mauro ou eu fazíamos acompanhamento no cavaquinho. Ele nos ensinava a tocar. Mostrava-nos como tocar a primeira, segunda e terceira. Depois começava a tocar a sanfona e sinalizava com a cabeça quando devíamos tocar na posição de primeira, segunda e terceira. Era fácil. Quando chovia muito e o pai ficava em casa, jogávamos cartas. Truco ou escopa de quinze.

As férias foram boas, apesar da chuva. Um fato triste ficou gravado em minha memória. Um dia, quando íamos todos à estação de trem, na Ave Maria, houve uma discussão entre o pai e a mãe. Não sei o motivo, mas em dado momento a mãe parou, agachou-se e começou a chorar. Era a primeira vez que via a mãe chorar. E foi a única. Ela era forte, um tanto rude, estilo espartano. Vendo-a chorar, o Mauro e eu paramos de andar e tentamos falar alguma coisa para ela. Não sabíamos o que dizer, mas nem precisou, porque ela falou decidida:

Confissões de um seminarista apaixonado

— *Pararo purquê?* Vão andando!

Terminadas as férias, voltamos ao seminário em Jaú.

Nosso terceiro ano no seminário não apresentou grandes novidades. Os estudos eram ainda mais puxados, porque no ano seguinte deveríamos ser transferidos para o seminário maior, em São Manuel, cidade distante cerca de sessenta quilômetros de Jaú. Em São Manuel encontraríamos turmas de seminaristas de outras unidades da congregação, especialmente de Rio do Oeste, em Santa Catarina e de algumas cidades do Rio Grande do Sul. Por isso, teríamos que estar bem preparados, para ficarmos pelo menos no mesmo nível de ensino que os outros.

Dois dos filhos do João Conti também entraram no seminário e recebiam com frequência a visita do pai. Às vezes o Mauro e eu éramos chamados para a sala de visitas, como se a visita do João Conti fosse também para nós. Em duas oportunidades fomos autorizados a fazer passeios com eles para algum sítio fora da cidade. Isso me fazia sentir alegre e triste. Alegre, porque eu via o esforço do patrão do pai em compartilhar conosco a alegria do encontro com os filhos. Triste, porque não me sentia bem no meio deles, sabendo que nossos pais não podiam estar conosco.

Certo dia, que não era domingo, durante as orações da manhã que precediam a missa, ouvi vozes no corredor. Ajoelhado no banco, vi passarem algumas pessoas juntamente com um dos padres, rumando em direção à sacristia. Pareceu-me ter visto o pai e a mãe com uma criança no colo. Depois de alguns minutos, passaram de volta pelo corredor, porém não consegui ver quem era. Esperei que se fossem meus pais, eles nos chamariam. Como ninguém chamou, achei que tinha me enganado. Perguntei ao Mauro se ele tinha visto o pai e a mãe e ele não sabia de nada. Somente meses depois fiquei sabendo que de fato o pai e a mãe tinham ido ao seminário para o batismo do novo irmãozinho que havia nascido, o Geraldo.

Fiquei chateado, porque não custava terem convidado a nós para vermos nossos pais e o irmãozinho novo ou até para assistirmos ao batizado. Porém, esse tipo de atitude fazia parte da rotina do seminário, que somente permitia visitas aos domingos. Nesse ano morreram alguns parentes nossos, sem que fôssemos autorizados a comparecer ao velório.

Dezessete

O primeiro contato na chegada ao Seminário Maior de Santa Terezinha, em São Manuel, foi marcante. Era um prédio grande, de três pavimentos, que ocupava uma quadra inteira. Isolado por uma cerca de cipreste em toda a frente, tinha muros nas laterais e uma cerca de arame farpado nos fundos, onde havia uma horta muito grande. Numa das laterais havia um jardim, no meio do qual imperava uma gruta dedicada a Nossa Senhora Consolata. No meio do terreno, havia um grande pátio, com um campo de futebol de terra batida e espaço para uma quadra de voleibol e uma edícula onde eram guardados alimentos, uma camionete e havia espaço para a mesa de pingue-pongue.

À semelhança do seminário de Jaú, o andar de cima comportava dois grandes dormitórios, banheiros e quartos dos padres. No andar térreo ficavam as salas de aulas e de estudos e as salas de visitas. No andar de baixo havia basicamente um salão nobre com palco, um refeitório grande e um pequeno e uns quartinhos. Nos refeitórios havia uma roda de madeira, pela qual eram passados os pratos, talheres e travessas com comida. No outro lado da roda ficavam as dependências das irmãs missionárias da Consolata, mas nunca tínhamos acesso a essas dependências. As irmãs preparavam a comida e cuidavam das roupas. Para pedir qualquer coisa às irmãs era usada a roda, pois ela girava em torno de um eixo, de tal forma que não era possível ver as pessoas que estavam do outro lado. A capela ficava quase no meio da construção, com entrada principal pela frente do prédio e duas entradas internas no andar térreo que davam acesso às dependências do seminário, tanto a dos padres como a das freiras. No outro lado das dependências das missionárias, havia quartos e salas. Ao lado da sala de visitas havia um telefone, daqueles antigos que eram compostos de duas partes, uma para segurar no ouvido e outra para falar.

Quando chegamos, os seminaristas que vinham de Rio do Oeste e eram em maior número ainda não haviam chegado. Logo no primeiro dia, como não havia aula, recebemos incumbências para a limpeza da casa, o que deveríamos fazer com capricho para recebermos os colegas de Santa Catarina. O padre assistente que nos recebeu animadamente deu a impressão de ser muito mais amigável do que o de Jaú.

No dia seguinte à chegada da turma de Santa Catarina, fomos levados a um campo de futebol, distante cerca de dois quilômetros. Jogávamos vestidos com um macacão largo, que permitia os movimentos. Dois padres também jogaram, de batina. A turma foi dividida em dois grupos, os maiores e os menores, sendo dois times de maiores e dois de menores. Eu era um dos menores dentre os menores. Jogava de goleiro. Foi muito bom, apesar de ter que descer muitas vezes por um barranco de uns quatro metros de altura, que ficava atrás do gol. Sempre que a bola passava pelo gol ou saía pela linha de fundos, caía barranco abaixo. A depressão no terreno, cortando um morro, havia sido feita em época de campanha eleitoral, como início da construção de um ramal de estrada de ferro que por lá passaria. A obra não teve continuidade e o buraco ficou. Descer era fácil, mas para subir o barranco era necessário escalar a parede de terra vermelha, segurando-me em alguns arbustos.

O primeiro ano de seminário em São Manuel trouxe algumas dificuldades nos estudos. Havia muitas matérias, ou seja, todas as disciplinas do curso colegial, clássico e científico, além das matérias específicas de seminário, tais como latim e grego. Tínhamos aula e exercícios de latim todos os dias. A matemática apresentou as maiores dificuldades, pois as turmas de Rio do Oeste e de Três de Maio estavam mais avançadas que a turma de Jaú. Como eles eram em maior número, tínhamos que tentar nos virar sem as bases necessárias. Frequentemente eu pedia ajuda ao Mauro para resolver as questões, mas por conta disso até hoje tenho problemas com a matemática. Durante uma prova de matemática alguém sussurrou ao Mauro que lhe indicasse o resultado de um exercício. O padre viu a tentativa de cola e puniu os dois com nota zero, embora o Mauro não tivesse feito absolutamente nada. Não havia a quem recorrer.

Muitas vezes as orações da noite eram feitas diante da gruta de Nossa Senhora Consolata, no jardim. Lá rezávamos, cantávamos e líamos textos escritos por nós. Numa noite em que fui escalado para escrever e ler o texto a respeito da oração Salve Rainha, escrevi sobre a frase "Advogada nossa, salve!" Eu já gostava muito de literatura e de escrever. Nessa época comecei a escrever poesias. A primeira que escrevi foi dedicada à mãe.

Aos domingos, depois de assistir a duas missas pela manhã e após as horas de estudos livres, o prato principal do almoço era macarrão. Lembro-me que o Luizinho não gostava de macarrão, de tal forma que os domingos eram os piores dias. Depois do almoço íamos em grupos de três ou quatro seminaristas para as fazendas próximas, para dar aulas de catecismo às crianças. Apesar de termos que caminhar vários quilômetros sob o sol forte, essa atividade era boa, porque nos colocava em contato com crianças e também com adultos. Em algumas fazendas havia pessoas que nos recebiam em suas casas e nos ofereciam café e bolo. Na volta das aulas de catecismo, íamos à capela para rezar as "vésperas". Aos domingos não havia merenda à tarde. Os seminaristas que não tinham a sorte de serem recebidos em alguma casa passavam fome, considerando-se que eram adolescentes. Numa dessas tardes, eu e um colega, antes das vésperas, colocamos um gancho na ponta de um pedaço de bambu e "roubamos" alguns abacates maduros que ficavam na despensa, nos fundos do pátio. Comi um abacate inteiro, o melhor abacate que já provei. Depois veio o arrependimento e fui confessar-me, mas não fui castigado porque ninguém nos flagrou.

Dezoito

e havia dificuldades no seminário, em casa era pior. O Toninho também resolveu ser seminarista e mais uma vez nossos pais demonstraram generosidade. A Laura estava noiva. Naquela época era costume as moças casarem-se muito novas. Muitos dos problemas enfrentados por nossos pais não chegavam ao nosso conhecimento, para não atrapalhar nossos estudos. Somente nas férias ficávamos sabendo de muitas coisas, geralmente relatadas pela Laura, a mais velha e que havia sido tirada da escola para ajudar na roça, e que sempre enfrentou com dignidade todos os sofrimentos.

O Toninho encontrou diversas dificuldades no seminário, talvez por sentir que não tinha vocação ou preocupado com o fato de que o pai teria que enfrentar sozinho a labuta na roça. Permaneceu lá por apenas um ano e poucos meses. Enquanto disso, a Laura casou-se e foi morar numa fazenda próxima, ficando o pai sozinho para cuidar da roça e dos filhos pequenos, com a ajuda da mãe. A volta do Toninho para casa foi bem vinda, embora todos nós tenhamos ficado tristes com a sua saída do seminário. Sabíamos que ele, com poucos estudos e sem profissão, teria que ficar trabalhando na roça.

Havia acabado o privilégio de morar na melhor casa da colônia, onde havia um pomar. Depois de sete anos, o patrão chamou o pai e informou que precisava da casa. Por alguma razão que não entendemos, ele resolvera que seria reformada para ser ocupada por ele e sua família, pois a casa onde até então morava seria destinada a algum parente dele. A solução foi que nossa família deveria mudar-se para a casa que ficava na ponta da fileira de casas da colônia. A partir de então, todos os colonos passaram a capinar e cuidar do pomar e da horta, que se tornaram exclusivos do patrão. Isso não agradou muito aos nossos pais, mas o jeito era aceitar, porque era preciso fazer de tudo para manter os dois filhos no seminário.

Havia uma escadinha de tijolos, que dava acesso à sala dessa casa. Quando chegamos das férias após o primeiro ano de seminário em São Manuel, sentimos uma espécie de humilhação com a mudança. Para nos conformar, a mãe argumentou que a notícia boa era que havia sido aberta uma escola do ensino de primeiro grau na própria colônia, ao lado da nossa casa. A mãe contou também que um dia a Clélia estava sentada no último degrau da escadinha. Estava na cozinha e quando olhou para a sala viu a Clélia estendendo a mão para pegar uma cobra coral que estava com a cabeça levantada em frente à Clélia, pronta para dar o bote. Nisso a Lila, nossa cachorra, deu um salto por cima da cabeça da Clélia e abocanhou o pescoço da coral, matando-a. Se o animal já era estimado por nós, passou a sê-lo ainda mais. Era uma cachorra que comia do pouco que sobrava, quando sobrava, mas acompanhava as pessoas da família que saiam para o trabalho. Quando o serviço era feito perto de casa, era possível jantar em casa. Nesse momento a Lila se ajeitava debaixo da mesa, esperando ganhar algum alimento. Admirávamos quando o pai chegava com as pernas da calça cheias de carrapichos, e a Lila pacientemente arrancava os espinhos um a um, colocando-os de lado.

Na hora do jantar pegávamos nosso prato, feito de lata de marmelada, nos servíamos de arroz ou macarrão "subioti", feijão e a mistura que houvesse e íamos comer sentados em uma cadeira que pegávamos na sala e levávamos para o quintal. Brincávamos dizendo que estávamos jantando fora. Nessa época nós, seminaristas, já comíamos com garfo e não com colher. Não raro, a comida acabava e o apetite continuava. Por vezes, a mãe dizia que se a comida não tinha sido suficiente podíamos pegar um pedaço de pão. Era evidente que se preocupava em manter um padrão mínimo de alimentação, sabendo que no seminário comíamos bem melhor.

Num dos primeiros dias das férias nessa casa, subi ao telhado para trocar umas telhas. A mãe havia dito que quando chovia tinha que colocar bacias e baldes sobre a cama e pela casa toda, porque chovia dentro. Quando eu estava no telhado, a "noninha", mãe do patrão, passou pela estradinha em frente à casa e deteve-se para dar uma bronca nos moleques que estavam sobre o telhado. Mas, um dos filhos do patrão que a acompanhava avisou-a que era eu e que eu devia estar arrumando o telhado. Então ela conformou-se e continuou seu caminho. Fiquei calado, convencendo-me de que ela apenas havia pensado que um dos moleques estava fazendo traquinagem sobre o telhado.

Dezenove

De volta ao seminário, nossa turma de Jaú já estava bem mais reduzida. Vários de nossos colegas não voltaram. Todavia, chegaram novas turmas de Rio do Oeste, de Três de Maio e de Erechim.

Éramos todos adolescentes, com os problemas normais da idade. Uma de nossas grandes lutas era manter a castidade. Isso significava que a masturbação era pecado mortal. Talvez por isso dispúnhamos de apenas cinco minutos para tomar banho, inclusive para tirar e colocar a roupa, o que nunca era feito na presença de colegas. Posso testemunhar que não é impossível manter a castidade nessas condições. Para tanto, devíamos evitar todo e qualquer pensamento "impuro". Não tínhamos acesso a televisão, que na época não havia, a qualquer livro ou revista que contivesse alguma conotação que sugerisse sexo. Os livros de que dispúnhamos eram rigorosamente controlados. Para que se faça uma ideia, um dia eu pedi ao diretor para ler o romance "O Guarani", de José de Alencar, mas não fui autorizado, por ser considerado impróprio. Havia livros de poesia em que faltavam muitas páginas que haviam sido arrancadas. É lógico que de vez em quando acontecia a poluição noturna, em que a ejaculação acontece quando estamos dormindo. Muitas vezes eu acordava no momento em que isso acontecia. Ficava então uma tremenda dúvida: eu consenti ou não. Se tivesse havido consentimento, era pecado mortal. Sendo pecado mortal, não poderia comungar. Na dúvida, o remédio era recorrer à confissão, para poder comungar. Quando alguém não comungava durante a missa, ou corria ao confessionário antes da hora da comunhão, automaticamente a presunção era que tinha havido masturbação.

Na primeira campanha para angariar novos assinantes para a revista editada pela congregação, fui enviado a Araraquara. Recebíamos uma lista de pessoas e endereços para visitar e oferecer a assinatura da revista. Fui hospedado na edícula da casa paroquial.

O sacristão que me recebeu foi muito amável e disse que o pároco era muito bom, mas tinha fama de ser impaciente com as pessoas. Talvez pelo fato de ele ter sido combatente na guerra... era um pouco neurótico. Por isso, eu devia comportar-me bem. Não encontrei o padre, mas fiquei admirado com a biblioteca localizada nessa edícula. Perguntei ao sacristão se eu podia pegar algum livro para ler à noite. Ele não fez nenhuma restrição. Vi que "O Guarani" estava lá. Li o livro quase todo naquela noite. Pena que não foi possível terminar a leitura, porque no dia seguinte devia continuar o trabalho e voltar a São Manuel. Devo dizer que não vi nada de preocupante na leitura desse livro que pudesse atrapalhar minha castidade.

Se havia algum fato que implicasse em pedofilia, nada presenciei e nem chegou ao meu conhecimento. Durante toda a minha vida de seminário nunca fiquei sabendo de qualquer coisa que pudesse macular a imagem dos padres ou seminaristas, embora me lembre de um padre em Jaú que gostava de abraçar e acariciar o rosto de alguns meninos mais bonitinhos e que posteriormente foi enviado de volta à Itália. É bem verdade que eu não sabia nada a respeito de sexo. Recebemos uns livrinhos do tipo "antes que aprendam na rua", com informações básicas. Podíamos contar também com a ajuda do Diretor Espiritual, um padre que tinha por tarefa nos orientar na vida espiritual e nas nossas dificuldades e conflitos internos. Mas, não era fácil conversar sobre esses assuntos.

Havia uns dois seminaristas que notoriamente aparentavam ser homossexuais, embora na época eu nada soubesse sobre isso. Mesmo a respeito deles, nunca fiquei sabendo de nada que pudesse desabonar o bom comportamento de qualquer um.

Ressalte-se que jogávamos futebol vestidos de macacão e trocávamos de roupa debaixo das cobertas, mesmo que houvesse apenas meninos no ambiente.

Foi marcado um jogo de voleibol do time do seminário contra o time da Escola Agrícola da cidade. Ficamos impressionados, porque o time da Escola Agrícola apareceu todo uniformizado, com técnico e tudo o mais. O nosso time não tinha sequer uniforme. Quando o jogo começou, vimos que uniforme não faz diferença, porque ganhamos com muita facilidade. Quando o jogo terminou, fui até o vestiário, juntamente com um colega, para fazer xixi. Quando entramos

Confissões de um seminarista apaixonado

no recinto, havia um grande número de alunos pelados, tomando banho. Isso foi um choque para mim, mas deve ter sido muito pior para o meu colega, que hoje é sacerdote, que saiu correndo do local como um louco, deixando os demais sem entender o motivo da correria. Em solidariedade corri também. Os estudos exigiam bastante, havia retiros espirituais, orações, trabalhos, ensaios de coral e outras atividades. Mas os jogos de futebol e de voleibol eram bons, tanto que o time de futebol do seminário chegou a jogar partidas contra times da cidade e de outras cidades, sempre fazendo bonito. Lembro-me de um comentário de um dos jogadores de um time de outra cidade:

— A gente *tá* podre mesmo! Como eles correm! Também, enquanto a gente anda na gandaia, eles vivem na maior disciplina.

Os passeios eram sempre agradáveis. Íamos a fazendas ou sítios. Uma vez fomos a pé, sempre correndo, a um sítio distante quinze quilômetros de São Manuel. Saímos de madrugada e chegamos quando o sol apenas havia apontado no horizonte. Ao final do dia, voltamos de caminhão.

Uma vez por ano participávamos de um acampamento. Levávamos apenas poucas peças de roupas, um lençol, uma coberta, arroz, feijão, batatas, óleo e sal. Ao chegarmos, fazíamos nossas cabanas no meio do mato, à beira de um riacho, em grupos de quatro ou cinco meninos. Usávamos galhos de árvores, sapé e folhas secas. Passávamos frio à noite, mas ninguém se queixava. Um dos nossos colegas, ao amanhecer do primeiro dos três dias em que ali ficávamos, comentou:

— Dormi com um galho debaixo das costas. Não me levantei para retirá-lo porque estava muito frio para sair debaixo da coberta.

Durante o dia, após a missa que era celebrada no meio do mato, tomávamos café que nós mesmos preparávamos e ficávamos livres para caçar, pescar ou simplesmente andar pelo sítio. Era muito bom. Um dia, caçando, deparei-me com um esquilo numa árvore. Apontei o meu estilingue e atirei. Aconteceu aquilo que eu queria e ao mesmo tempo não queria. Acertei-o. Quando ele caiu próximo aos meus pés, fiquei com pena e, vendo que ainda estava vivo, levei-o até o riacho para lavar seu ferimento no focinho. Ele recuperou-se. Levei-o até o local onde ficavam as barracas. Muitos colegas vieram ver o esquilo. Colocaram-no numa caixa de papelão. Eu tinha vontade de soltá-lo, mas não me deixaram. Fiquei imaginando o que seria feito dele. Quando um dos colegas abriu a tampa superior do recipiente para vê-lo melhor, ele saltou para fora e subiu rapidamente na copa de uma árvore. Vi imediatamente uma porção de estilingues apontados para o alto. De nada adiantou eu gritar para que não atirassem nele. Não foram necessários mais que dois ou três segundos para que o esquilo estivesse estatelado morto, no chão. Senti-me culpado e, a partir de então, diminui minhas caças com estilingue até parar de vez.

Nunca me senti à vontade em grupos de pessoas. Falava-se muito de vida em comunidade, mas, quando havia muitas pessoas, eu me retraía. Comecei a procurar a companhia de um colega que viera de Rio do Oeste. Ele era mais novo que eu. Conversávamos muito e sempre fazíamos companhia um para o outro nos recreios e nos passeios. Isso caracterizava a amizade particular, que era proibida no seminário. Eu não via nada de mal. Quando não era eu que o procurava era ele. Fomos alertados a não cultivar amizade particular. Embora procurássemos nos distanciar, eu sentia necessidade de alguém com quem pudesse conversar e com quem me sentisse bem. Na verdade, sentia falta de sua companhia. Embora muitos devam ter pensado que éramos homossexuais, nunca houve nada que pudesse caracterizar uma relação dessa natureza. Apenas eu me sentia muito carente de atenção, encontrando nele aquilo que procurava preencher esse vazio. O pai não tinha recursos para sair da fazenda, ir até Jaú e de Jaú até São Manuel para nos visitar. Imagino as dificuldades enfrentadas nas raras vezes que ele nos visitou. Nos encontros com o Diretor Espiritual eu dizia que gostava de estar na companhia do colega. O padre sempre respondia que era preciso que eu tivesse amizade igual com todos os outros.

Vinte

pós pouco mais de um ano em que minha família estava morando na casa da colônia, foi feita a divisão da fazenda entre os herdeiros. A um deles coube as terras dos lados do Sapecado. Essas terras eram mais fracas que as demais e nelas havia um cafezal, uma casa grande, onde esse herdeiro já morava com a família e mais duas casas, sendo uma de madeira. Foi oferecido ao pai trabalhar nessa fazenda, na condição de "meeiro", com contrato por dois anos. Não haveria salário, mas a metade do café colhido pertenceria ao meeiro. O dono da venda situada no bairro da Ave Maria prontificou-se a vender fiado ao pai até que ele colhesse a primeira colheita de café. O pai aceitou, encarregando-se de tratar seis mil pés de café "a meia".

A casa era tosca, com frestas entre as tábuas das paredes. Havia água encanada, levada por uma bomba martelo para um tanque situado entre as duas casas dos meeiros.

Nesse ano nasceu o décimo filho, o Luiz Carlos, quando o Geraldo já tinha quase dois anos. A Cecilia, terminado o ensino primário, também resolveu entrar para o convento, onde haviam estudado e já estavam consagradas nossas tias Tereza e Olga. Era uma congregação religiosa missionária, com sede na Itália. O convento estava situado na cidade de Cafelândia, mais longe de casa do que o seminário de São Manuel. Mais uma vez a generosidade de nossos pais permitiu que mais essa filha deixasse a casa para seguir sua vocação, na hora em que se começava a contar com a sua ajuda em casa e na roça.

Enquanto a conta na venda ia crescendo com as compras a fiado, crescia também a esperança à vista de uma boa florada no cafezal, que prometia uma grande colheita.

Nesse ano ocorreu uma geada forte, esfriando de vez a expectativa de uma boa colheita. De fato, houve uma queda de cinquenta por cento na produção.

Como desgraça atrai desgraça, faleceu a tia Assunta,

mãe do Luizinho, que deixou dez filhos, a maioria ainda crianças pequenas. Morreu em decorrência de complicações de parto. A filha mais nova ainda era criança de colo. Nossa mãe ficou com pena das crianças e, malgrado as dificuldades, prontificou-se a cuidar da pequena órfã. O tio agradeceu o generoso oferecimento, mas não o aceitou: as filhas mais velhas cuidariam das menores. Pouco tempo depois ele casou-se com uma viúva, cujo falecido marido lhe deixara um sítio próximo e dois filhos pequenos para cuidar. A preocupação desse tio era arrumar uma nova mãe para seus filhos. Dessa forma, a família dele ficou acrescida de mais duas crianças.

Nas férias que passamos nessa casa de tábuas, havia enxames de moscas durante o dia e de pernilongos à noite. Para dormir, como não tínhamos véus, era preciso armar sobre a cama uma espécie de barraca feita com lençóis, pois os pernilongos entravam na casa pelas frestas das tábuas.

Foi nessas férias que senti pela primeira vez os efeitos de ser paquerado. Uma filha do meeiro vizinho começou a demonstrar que gostava de mim. Era uma loira um tanto atraente. Algumas vezes, sabendo que eu iria passar pelo carreador, no meio do cafezal, ela escrevia alguma frase no chão, falando de amor. Um dia mostraram-me uma plantinha nova perto do tanque de lavar roupas, dizendo que a loira a havia plantado em minha homenagem. Eu ficava obviamente lisonjeado, mas dizia que não podia corresponder àquele sentimento, pois devia perseverar na minha vocação de padre. Comentava-se que uma outra moça, do sítio vizinho, também gostava de mim. Ela igualmente plantou um pequeno arbusto ao lado da outra plantinha, dizendo que a planta que crescesse melhor daria mais sorte no amor para quem havia plantado. Costumavam dizer:

— Ele não tem cara de padre. Tem cara de safado.

No ano seguinte, a colheita de café foi boa, mas foi preciso vender rapidamente o produto, pelo preço que na época era baixo devido à boa safra, porque a conta na venda já estava alta e o vendeiro estava ansioso pelo recebimento da dívida.

Vinte e um

Na volta ao seminário, continuei lutando para não demonstrar a amizade particular com meu colega, que era de uma classe mais nova que a minha. Não era fácil e com isso eu acabava me tornando um tanto solitário. Eu tinha afinidades com outros colegas, especialmente por causa das poesias. Tinha, por outro lado, dificuldades de relacionamento com outros, especialmente com um que me provocava durante os jogos de vôlei. Acho que eu fazia um movimento anormal com as mãos para levantar a bola e ele ridicularizava esse gesto, requebrando as mãos. Embora aquilo me magoasse, nunca chegamos às vias de fato.

Às quartas-feiras à noite havia o chamado Clube da Quarta-Feira. Íamos todos ao salão nobre, onde dois alunos de cada classe subiam ao palco e faziam um discurso para a plateia, sobre um tema de livre escolha. Recebíamos orientação do padre diretor, que era um bom orador. Quando chegou a minha vez, eu tinha cerca de quinze minutos para discorrer a respeito de meu tema. Preparei-me tanto, que decorei todo o texto. Quando fui chamado ao palco, minhas pernas tremiam e eu não sabia onde colocar as mãos. Era a primeira vez que subia a um palco e fazia um discurso. Fiquei tão nervoso, que acabei esquecendo o texto e, ao invés de falar por 15 minutos, falei não mais que dois minutos. Terminei o discurso de repente, dizendo "tenho dito".

Tínhamos uma espécie de jornal mural. Escrevíamos poesias ou artigos sobre temas variados, que eram datilografados e colocados na parede, no salão nobre. Eu quase sempre colocava poesias, mas havia um grupo de colegas que não gostava das poesias e preferia escrever textos variados.

As aulas de datilografia eram tomadas numa escola que ficava no centro da cidade e era administrada por um senhor muito dedicado. Aprendíamos e treinávamos em máquinas de escrever Remington, muito pesadas e tínhamos que usar todos os dedos, sem olhar para o teclado.

Percebi que não deveria decorar o texto dos meus discursos. Por isso, quando chegou novamente a minha vez, fiz um resumo, uma espécie de esqueleto do conteúdo da minha fala. Aproveitei o ensejo e escolhi como tema do meu discurso a afirmação de todos nós éramos poetas, quer escrevendo poesias, quer não. O nervosismo acabou logo que subi ao palco. Falei à vontade e o discurso dessa vez foi bom. Só que foi muito longo. Ao invés de falar por cinco minutos, falei por mais de vinte. Recebi críticas justas por causa do tempo e porque parecia que eu iria terminar o discurso e não terminava. Porém, consegui a atenção de todos. Além disso, o tema suscitou uma enxurrada de artigos no jornal mural, uns discordando da minha tese que todos nós éramos poetas, outros concordando. Tudo isso fazia parte da nossa formação, que além da preocupação com o espírito também se preocupava com a formação humana. Aprendíamos a falar em público e a escrever.

Além do clube da quarta-feira, começamos a fazer teatro. Todos os que desejassem, poderiam participar de peças que eram encenadas no salão nobre. Algumas peças foram consideradas boas, a ponto de serem apresentadas para o público da cidade. Por ocasião de uma apresentação em que eu fazia o papel de um príncipe, um seminarista *gay* encarregado do vestuário levou-me a uma baia no dormitório e começou a costurar a camisa por dentro de minhas calças, alegando que era necessário para que não ficasse solta. Achei estranho e fiquei aliviado com a chegada de um colega que ficou por perto até ser concluído o ajuste.

Numa dessas encenações, fomos à cidade de Botucatu, para apresentar uma comédia no salão paroquial, aberto ao público. A peça era engraçada, tendo recebido boas críticas em São Manuel. Quando iniciamos a apresentação, sentimos que o público, de início, não estava rindo muito. O salão estava repleto, inclusive com muitas crianças. Passados menos de dez minutos, percebemos que grande quantidade de pessoas levantou-se e deixou as dependências do salão. Sentimos o fracasso, de tal forma que, nos bastidores, resolvemos exagerar na apresentação de nossos papéis, mesmo que isso implicasse em improvisar cenas ridículas. A coisa funcionou. A plateia desandou a rir à vontade.

Confissões de um seminarista apaixonado

Quanto mais ria, mais exagerávamos. Ao término, satisfeitos com o resultado, procuramos entender o motivo da debandada. Só então ficamos sabendo que o juiz de menores da cidade havia editado uma norma, segundo a qual todos os menores de dezesseis anos estavam proibidos de circular na cidade após as dez da noite, forçando-os a irem para casa cedo.

Foi estabelecida uma competição de teatro no seminário. Cada classe deveria apresentar uma peça, em datas diferentes. Nossa classe, a essa altura, não tinha mais que sete pessoas que participavam das apresentações. Isso foi um problema sério, porque não conseguimos qualquer roteiro que se adequasse à nossa turma. Animado com os meus artigos no jornal mural, achei que eu poderia escrever um roteiro. A ideia não foi das mais felizes, embora todos tenham concordado, com alívio, com a minha proposta. Tive dificuldades, porque eu somente podia escrever nos horários de estudos livres, que não eram muitos e porque não recebi a ajuda de ninguém, nem com ideias sobre o tema. O enredo cuidava da vocação de um seminarista, que enfrentou muitas dificuldades nos estudos, mas for ordenado sacerdote e enviado de imediato para a selva amazônica para catequizar índios, sendo atacado até por onças. Era um enredo tolo, mas a peça foi encenada. Graças ao cenário, ficamos em segundo lugar dentre as quatro classes.

Uma das coisas boas, nessa época, eram as aulas de catecismo nas fazendas, quando éramos recebidos numa casa de família muito amigável, que sempre nos oferecia café com bolo. Por alguma razão que não nos foi esclarecida, fomos todos proibidos de entrar em qualquer casa e muito menos aceitar qualquer espécie de comida ou bebida.

Terminado o ginasial, ou secundário, como era chamado, fomos preparados para receber a batina. Naqueles tempos os padres eram obrigados a usar batina constantemente. Era preta, de tecido grosso e quente, com botões em toda a frente, dos pés ao pescoço, onde se usava um colarinho branco de plástico. Dois seminaristas não foram considerados dignos de receber a batina e foram expulsos do seminário. Em relação a um deles, alegou-se que o motivo foi ser flagrado fumando, o que era considerado uma falta gravíssima. Três dos seminaristas de uma classe mais velha que a nossa, considerados bastante inteligentes, foram solenemente "despidos" da batina e tiveram de aceitar a humilhação de serem os únicos "clérigos" sem batina durante alguns meses, pelo fato de não terem aceitado que um de seus colegas fosse guindado a um grau superior chamado "postulante" na hierarquia do seminário. Foi uma punição gravíssima devida à falta do espírito de obediência que deveria nortear a todos. Recebemos a batina, numa cerimônia solene, com a presença de parentes e pessoas da cidade, inclusive autoridades. Meus pais, obviamente, não puderam comparecer. A faixa, também preta, que circundava a barriga e caía até perto dos pés, haveríamos de recebê-la meses depois, quando tivéssemos demonstrado que éramos dignos daquele traje. Tive como padrinhos um casal influente da cidade, que tinha bom relacionamento com os padres. Eram pessoas amáveis. Meu padrinho era vereador e presidente da Câmara Municipal, além de ser diretor da rádio local. Fui autorizado a visitá-los em sua casa em poucas ocasiões, almoçando com eles. Na primeira visita, eles colocaram música no aparelho de som. Preocupados com o que eu pudesse ouvir, perguntaram que tipo de música eu preferia. É claro que respondi que era música clássica. Era o tipo de música que ouvíamos no seminário. Depois de algum tempo, perguntaram se podiam mudar o tipo de música. Concordei. Ouvi então, pela primeira vez a música do Roberto Carlos que dizia "e que tudo o mais vá pro inferno!" Gosto dessa música até hoje.

Música era outra das coisas boas do seminário. Tínhamos uma pequena banda, onde eu tocava pandeiro. Chegamos a nos apresentar no salão paroquial da cidade. Nosso coral era muito bom. Cantávamos músicas populares e clássicas, além de canto gregoriano. Ensaiávamos muito. Onde íamos, cantávamos. Em nossos passeios, cantávamos no caminhão que nos levava e sempre cantávamos para as pessoas que nos recebiam em seus sítios ou fazendas.

Por ocasião do cinquentenário da cidade de Rio do Oeste, em Santa Catarina, onde ficava o primeiro e maior seminário da congregação no Brasil, fomos convidados a cantar na missa solene que seria celebrada pelo bispo da região. Haveria uma grande festa e teríamos oportunidade de nos encontrar com os seminaristas menores, que futuramente seriam nossos colegas em São Manuel. Fomos de ônibus, com uniformes escolares emprestados pelos alunos do ginásio estadual que ficava em frente ao seminário. Eram agasalhos. Diga-se de passagem, naquela época as escolas do governo eram muito melhores do que as particulares. Foi a primeira vez que saí do Estado de São Paulo. Fazia frio e chovia. Os agasalhos não eram suficientes para nos proteger do frio. Lá chegando, fomos distribuídos, de dois em dois, para dormir em casas de família. À noite não passei frio, porque a família que nos recebeu colocou na cama um edredom grosso e pesado.

O seminário de Rio do Oeste foi construído no topo de um morro, ao lado do santuário. Era uma igreja grande e bonita. A missa solene foi à noite. Igreja lotada, apesar da chuva forte e persistente. Mal havíamos começado a cantar a segunda música, acabou a energia. Escuridão total. Não era possível ver o padre maestro, no entanto, o organista não vacilou. Continuou tocando e nós continuamos cantando como se nada houvesse acontecido. Fomos aplaudidos dentro da igreja.

Na volta, chegamos a Curitiba já de noite. A intenção era continuar a viagem até São Manuel. Devido ao frio e ao cansaço do motorista, resolveu-se que deveríamos pernoitar nessa cidade. Jantamos em um local e fomos conduzidos para dormir em outro local, num internato que estava vazio, mas que possuía camas para todos. O problema é que havia apenas uma coberta muito fina para cada cama e a temperatura beirava zero grau. Não sei se muitos colegas conseguiram conciliar o sono. Eu não consegui, devido ao frio. De manhã pudemos constatar que havia gelo pelas ruas.

Vinte e dois

Terminado o contrato de "à meia" que havia vigorado por dois anos, o pai preocupou-se com o que viria a fazer. Os encontros com pessoas que pudessem propiciar formas de trabalho poderiam acontecer nas rezas, nas missas, nos bailes em que eventualmente ele tocava sanfona, mas principalmente na venda, onde aos domingos as pessoas da roça costumavam ir para beber e jogar bocha. Perto da venda, no bairro Ave Maria, havia um sítio com uma grande área de brejo, onde se costumava plantar arroz. O pai ficou entusiasmado com a ideia de fazer um contrato com a proprietária desse sítio, chamado Capim Grosso, para plantar arroz e cereais, pois havia uma parte de terras altas para isso. Fez contato com a proprietária, ficando acertado que ele tomaria conta do sítio, no regime "a terço", em que o trabalhador ficaria com dois terços de tudo o que fosse produzido, e uma terça parte com a proprietária. Contudo, todos os gastos seriam suportados pelo pai.

Ali começou um dos piores períodos da via sofrida da família. O Toninho, que era o braço forte do pai, disse uma vez que quando se lembrava dessa época sentia mal-estar. As dificuldades começaram cedo. Não havia recursos para comprar as sementes. Naqueles tempos nem se pensava em empréstimos bancários para a produção agrícola de pequenos produtores. Conseguidas as sementes, que evidentemente não eram da melhor qualidade, precisava comprar veneno para formigas, que eram abundantes. Adubo, nem pensar. A dívida na venda começou a crescer novamente, pois somente entrariam recursos com a venda dos produtos colhidos. Num grande esforço, o pai e o Toninho, com a ajuda incansável da mãe, conseguiram plantar arroz em todo o terreno disponível, e ainda plantar milho e feijão onde foi possível. Quando o arroz estava começando a formar cachos, veio uma grande inundação, que prejudicou toda a produção. Seria preciso começar tudo de novo, desde o início.

Quando de nossas férias, pudemos constatar as dificuldades. O arroz que havia sido plantado novamente já estava cacheado, mas uma grande quantidade de aves atacava a plantação. Tínhamos que ficar espantando os passarinhos. Nossa alegria estava em comer jabuticabas. Havia muitas jabuticabeiras, de tal forma que podíamos completar a alimentação com essas frutas. Não se conseguia vender jabuticabas, porque ninguém as comprava naquela época. Quando muito, alguns pediam para que lhes fosse dada alguma quantidade.

Em casa havia um gato, que certamente passava fome, porque nunca sobrava comida para ele. A mãe reclamava porque esse animal andava por cima das panelas no fogão ou na mesa para procurar alimento. Ela disse um dia, não chorando, porque ela não chorava na frente dos filhos, mas com muita tristeza, que o gato estava doente e que era preciso matá-lo para que não sofresse mais. Fiquei com pena da mãe e resolvi atender ao seu desejo.

Peguei uma espingarda de espalhar chumbo, dessas que é preciso carregar pela boca do cano, que era usada para espantar os passarinhos do brejo, carreguei-a e procurei o gato. Avisei a mãe que eu iria matá-lo, com o que ela concordou. Apoiei o cano da espingarda no peitoril da janela da cozinha, apontando para a cabeça do bichano, que estava do lado de fora a menos de dois metros de distância.

Eu não poderia errar, para evitar sofrimento. Puxei o gatilho e o que ouvi foi um pequeno estalo da espoleta, que estourou antes de o tiro sair. Quando o tiro saiu, o gato já estava fugindo, mas não o suficiente para evitar os chumbos que acabaram acertando o seu pescoço e o dorso. Ele começou a miar e dar saltos. Fiquei desnorteado. O que fazer? Para carregar novamente a espingarda seria demorado e ela poderia falhar novamente. Vendo o desespero do gato, senti que seria preciso acabar de matá-lo de vez. Peguei então um pedaço de pau e comecei a bater em sua cabeça com força, até perceber que estava morto. Nunca mais conseguir esquecer o que fiz. Naquele momento eu achava que estava fazendo a coisa certa.

Depois de ter matado o animal, pedi que alguém o enterrasse no quintal, pois eu estava muito contrariado para fazer aquilo. À noite, porém, fui surpreendido com carne na mesa, o que era muito raro. A mãe falou que era carne do gato, pois já que ele estava morto, seria melhor aproveitar a sua carne. Não consegui comer.

A Cecilia estava no convento, em Cafelândia, e escrevia cartas para casa, contando sobre sua vida, onde se estudava muito, rezava-se bastante, mas ela estava feliz. Convidou a Luzia para que também fosse para o convento, já que ela havia terminado o primário. E a Luzia foi. A essa altura, acho que nossos pais até acharam a ideia boa, porque seria possível cuidar do sítio sem a ajuda dela, além da oportunidade de estudar, que os outros também tiveram. E poderia comer melhor do que em casa. Afinal de contas, seria uma boca a menos para comer.

O pai bebia mais do que o normal. A mãe reclamava, porque via que a bebida estava lhe fazendo mal. Ela trabalhava muito, cuidava da casa e ajudava na roça. A água era tirada de um poço que nem sequer tinha mecanismo adequado para isso. Era lançado um balde no fundo do poço e puxado com uma corda. Talvez por isso, a mãe sentisse muitas dores nas "cadeiras", além da costumeira dor de "stómigo". A mãe, preocupada porque o pai começara a beber também nos dias de semana, começou a jogar fora as garrafas de pinga que o pai trazia da venda. Ele então deixou de trazê-las para casa, escondendo-as no meio do capim, próximo à estrada que levava à venda. Para azar dele, a artimanha foi descoberta pela mãe quando procurava ninho de galinha e ele então só podia beber quando ia à venda.

Vinte e três

omeçava a crescer em mim a ideia de que eu não deveria ser padre. Tinha preocupação com meus pais e a família, mas lutava com a formação recebida, que implicava no dever de perseverar na vocação. Se eu saísse, meus pais ficariam frustrados, minha madrinha de seminário e meus padrinhos de batina ficariam decepcionados. Eu continuava o esforço de não demonstrar minha amizade particular e tentar ser sociável com todos os colegas. Era difícil.

Os padres diziam que dos três votos de deveríamos fazer - pobreza, obediência e castidade - o mais difícil era a obediência. Eu não sentia isso, achava até certo ponto fácil obedecer aos superiores, mesmo que cegamente, como era exigido. Era fácil a pobreza, pois já estava acostumado a ela. Além disso, na congregação não havia a preocupação com os bens materiais, pois se o voto de pobreza exigia que os religiosos não fossem proprietários de nada, por outro lado, sempre que algum de seus membros precisasse de um par de sapatos ou uma roupa, a congregação providenciava.

A castidade era uma luta constante, mas não era um bicho de sete cabeças. Minha dificuldade era a vida em comunidade, sem amizades particulares. Tinha uma sede imensa de amor, que não encontrava em ninguém, de tal modo que meu grande esforço era no sentido de sublimar tal sentimento. Procurava esvaziar o grande vazio que me inundava, rezando muito para que eu fosse digno de perseverar na vocação. Sempre me fora dito que eu havia recebido um chamado para o sacerdócio, mas ressoava na minha mente a frase "muitos são os chamados e poucos os escolhidos". Era difícil saber se eu era um escolhido. Por que eu não me sentia feliz?

Mesmo quando saíamos caminhando ao sol quente pela estrada, vestidos com a batina preta, em direção às fazendas onde dávamos aulas de catecismo, quando muitas pessoas que passavam por nós nos chamavam de "urubus", ou "padrecos", isso não representava um grande obstáculo.

O que me preocupava eram os sentimentos. Estava ficando solitário e quieto.

Na atividade de angariar assinaturas novas para a revista da congregação, fui abordado por diversas pessoas na rua, pedindo a bênção, beijando minha mão e algumas pedindo algum favor. Isso era bom, porque me fazia sentir útil. Não dizia que não era padre ainda, para não frustrar as pessoas. Mas, numa dessas vezes, hospedado na casa dos pais de um seminarista de Jaú, convivi por dois dias com a família dele. Ele tinha uma irmã muito linda. Além de bonita, ela era agradável, divertida e atenciosa. Conversamos e brincamos os três, ela eu e o seminarista.

Quando voltei para São Manuel, senti que eu ficara apaixonado por aquela moça. Não conseguia tirá-la da cabeça e, pior, do coração. Nunca lhe escrevi ou fiz qualquer contato ou lhe enviei qualquer recado, mas sua imagem ficou impregnada em mim por muitos anos. E eu pensava: seria isso apenas tentação ou seria um sinal de que eu não servia para ser padre? Para o bem da verdade, diga-se que eu, nessa época, não tinha a menor ideia do que era sexo. Eu nem sabia em que exatamente consistia o casamento ou como se praticava o sexo. Nunca havia visto qualquer mulher nua.

Nas conversas com o diretor espiritual, eu falava do meu desejo de deixar o seminário. Ele aconselhava-me a pensar muito, meditar, rezar e pedir a Deus que me iluminasse. Enquanto isso, precisava perseverar, pois as dificuldades passariam.

Dedicava-me de corpo e alma aos estudos e às atividades de seminário. Colaborava escrevendo artigos para uma revista interna editada pelos seminaristas, chamada "Allere Flamam" (acender a chama). "Editada", naquelas circunstâncias, significava "datilografada". Ajudava também na tradução de artigos escritos em espanhol, que seriam publicados na revista oficial da congregação, "Missões". Escrevia poesias, lia sempre que possível e jogava pingue-pongue. Nisso eu era um dos melhores. Ganhei alguns campeonatos internos. Por ocasião das férias, quando tínhamos mais tempo para leituras diversas, li muitos livros, como os grandes romances do cristianismo e livros de Malba Tahan.

Os padres adquiriram um sítio no município vizinho, distante cerca de vinte quilômetros. Uma vez por mês éramos levados a esse sítio, para capinar ou fazer nele outras atividades de roça. Isso não era problema. O difícil era sair de manhã, na carroceria do caminhão, sem agasalho, sentindo o vento frio que a velocidade fazia bater no rosto e nos braços. Lembrava-me da vida que meus pais e irmãos mais novos levavam e me considerava um privilegiado. Mesmo assim, cada dia eu me convencia mais de que não era feito para ser padre.

Estava terminado o último ano de seminário maior, que correspondia ao último ano do ensino clássico ou científico. A partir disso, os seminaristas deveriam iniciar a Filosofia e fazer um ano de noviciado. Um ano de trezentos e sessenta e cinco dias dedicados apenas à meditação, aos estudos religiosos, orações e preparação para os votos de pobreza, obediência e castidade. Após o noviciado, teríamos um ano chamado de "tirocínio", em que éramos chamados a prestar serviços como assistentes em outros seminários menores ou em casas ou atividades mantidas pela congregação. Era um ano de atividade prática. Depois do tirocínio, dava-se continuidade aos estudos de Filosofia e Teologia, que eram feitos não mais na Itália, em Turim, como fora até então, mas em São Paulo.

Depois de vários anos de dúvidas sobre minha vocação, finalmente conversei com o diretor espiritual e com o diretor do seminário, dizendo que eu havia decidido deixar o seminário. Estava convencido que era melhor ser um bom cidadão, um bom pai de família, do que ser um mau sacerdote. Eu não servia para aquele tipo de vida. Se era para servir a Deus com alegria, por que eu não era feliz? O Mauro continuaria, pois nunca demonstrou qualquer dúvida quanto à sua vocação. Assim, a frustração de meus pais não seria total, nem o empenho dos padres que haviam me proporcionado todo o estudo e formação.

Eles perceberam que ainda havia algumas dúvidas em mim e propuseram que, ao invés de sair de imediato do seminário, eu iria fazer antecipadamente o "tirocínio". Seria um ano diferente, com atividades práticas, sem a rotina dos estudos e sem a vida em comunidade com os outros seminaristas. Depois disso, eu faria o noviciado, que era um ano inteiro para decidir com segurança sobre a minha vocação. Achei justa a proposta. O meu tirocínio seria feito no Rio Grande do Sul, em Erechim, num patronato que abrigava meninos órfãos, que lá estudavam e trabalhavam em atividades de escola agrícola. Nas terras do patronato havia culturas diversas, como trigo, uva, milho, cevada, erva-mate, criação de porcos, gado e uma granja. Meu trabalho seria o de assistente dos meninos, vinte e quatro horas por dia, acompanhando-os nas suas atividades, inclusive nos trabalhos agrícolas. Lá havia apenas um padre como diretor, que já era conhecido meu, um irmão leigo que ajudava o padre e um professor. Pareceu-me razoável a proposta, apesar de estar contrariando um dos nossos colegas que era natural de Erechim e a quem já havia sido apontado que seria ele quem deveria assumir esse encargo. Ele ficou frustrado, mas acredito que tenha sido convencido pelos padres de que isso era necessário para salvar minha vocação e que ele poderia ter a mesma função depois do noviciado.

Nas férias que antecederam minha ida para Erechim, a situação da família era das piores. A dívida na venda estava alta. O arroz estava plantado no brejo, mas exigia cuidados constantes. O Toninho procurava, de vez em quando, fazer algum serviço para terceiros, trabalhando "por dia", para conseguir dinheiro para remédios ou roupas. No entanto, o pai sozinho não dava conta dos serviços do sítio. A Cecilia e a Luzia estavam no convento. A Laura, casada, morava distante. A mãe estava grávida do décimo primeiro filho, mas andava muito preocupada porque o médico que atendia de graça na Santa Casa de Jaú havia alertado que a criança poderia nascer com algum problema. A saúde da Rosina não andava bem. Queixava-se muito de dor nas "cadera", além da tradicional dor de "stómigo". A água era puxada manualmente com um balde amarrado a uma corda, sem qualquer virador, o que visivelmente era um trabalho duro para ela e sem dúvida lhe dava dor nas costas.

Procurávamos substituí-la nessa tarefa, mas sabíamos que ela voltaria a puxar a água assim que terminassem nossas férias, pois quem poderia ajudá-la estaria trabalhando no brejo. A mãe, preocupada com a saúde frágil do marido que bebia mais do que o normal, colocou às escondidas um remédio na comida dele, que deveria fazer com que parasse de beber. De fato, ele passou a sentir náuseas quando tentava beber, mas a saúde, que já não era boa, piorou, pois também perdera o apetite.

O Mauro e eu procurávamos ajudar de alguma forma, espantando os passarinhos que vinham comer o arroz plantado e capinando o mato das terras onde havia alguma coisa plantada. Não se podia fazer muito mais do que isso. O nono já havia morrido, quando estávamos em São Manuel. Contaram-nos que, no leito de morte, ele indagou sobre o Mauro e eu, que não pudemos visitá-lo em sua última doença. A nona também morreu pouco tempo depois.

Nasceu a Inês, nossa irmãzinha. De fato, nasceu com vários problemas. Era pequena, com pouco peso e tinha os pés curvados para dentro. Ficou com a mãe na Santa Casa, recebendo cuidados médicos, porque ela não conseguia amamentar. Por alguma razão, o bebê não conseguia engolir o leite materno.

Quando a mãe voltou para casa com a Inês, eram evidentes a tristeza e o carinho com que ela cuidava da filhinha. Fazia massagens nos pezinhos e insistia a todo instante para que a criança conseguisse pegar o peito ou engolisse o leite oferecido em uma colherinha ou num conta-gotas. Era tudo em vão. Tentava dar-lhe alimento de outras formas, inclusive com um paninho embebido. A criança quase não chorava. Um dia a mãe, com tristeza, nos disse que a bebê iria morrer, porque não havia meio de alimentá-la. Tentamos sugerir algumas medidas para evitar isso, mas ela estava cética. Acho que a criança havia nascido com alguma deficiência cerebral.

Foi com essa preocupação a mais que deixamos a casa de nossos pais, o Mauro para iniciar o curso de filosofia e eu partindo para Erechim.

Vinte e quatro

A preparação para minha atividade no patronato de Erechim restringira-se à leitura de um livro e poucos artigos sobre psicologia infantil e pedagogia. Na verdade, muito pouco. Eu sabia que encontraria meninos com idade variando entre quatro e dezessete anos, todos órfãos ou abandonados pela família. Eles deveriam ser monitorados por mim durante vinte e quatro horas. Fui alertado sobre o fato de que eles não haviam recebido a melhor formação e eram muito carentes, especialmente de afeto. Soube igualmente que eram muito indisciplinados, não obedeciam ao diretor do patronato ou a quem quer que fosse e que eu teria muita dificuldade para ser respeitado por eles.

Nas férias não usávamos batina, a não ser para assistir às missas. Foi sem batina que viajei para Erechim. Ao chegar ao patronato, fui recebido por um irmão leigo, que me mostrou a casa: um prédio grande, todo feito de madeira, com paredes duplas, chão de tábuas largas. Havia um pavimento térreo e dois andares, semelhante ao prédio do seminário de Jaú, embora mais simples e mais velho. No andar de baixo, que era uma espécie de porão, guardava-se a camionete do diretor e dois tratores usados nas atividades agrícolas. Meu quarto era grande e dotado apenas de uma cama, uma pequena mesa com cadeira e uma pia para lavar o rosto.

As dependências externas abrigavam a granja, com variadas instalações, inclusive uma chocadeira elétrica, máquinas de fabricação de ração, alas de pintos, galinhas poedeiras e galetos. Havia dependências para criação de porcos, uma estrebaria, um paiol de milho, uma casa onde morava o professor dos meninos e uma serraria. Do alto do prédio era possível ver as terras cultivadas, com parreiras de uvas, campos de cevada, milho, etc. e uma represa onde os meninos tomavam banho.

O irmão leigo apresentou-me ao padre diretor, que me recomendou tomar banho logo, porque já estava quase na hora do jantar. Indaguei dele se eu devia apresentar-me de batina, mas ele disse que não.

O refeitório era semelhante ao do seminário, com a diferença de que não havia roda para o contato com a cozinha. Havia uma janela por onde a cozinheira e uma ajudante passavam os alimentos, pratos e talheres. Não havia púlpito para a leitura que no seminário era feita por um dos seminaristas durante as refeições. Em duas mesas grandes sentavam-se os internos. Perto da janela que dava acesso à cozinha situava-se, em destaque e sobre um estrado, a mesa destinada ao diretor, ao irmão leigo e ao assistente. Fui convidado a sentar-me à mesa, ao lado do diretor. Eu havia imaginado que seria apresentado oficialmente aos internos pelo padre diretor, dando-me a ocasião de dirigir a eles algumas palavras. Isso não aconteceu. Simplesmente sentei-me, após a oração e bênção dos alimentos, tal como se fazia no seminário. Notei que alguns dos internos olhavam intrigados para mim, com certo ar de reprovação. Fui apresentado rapidamente somente no dia seguinte, após a missa, sem qualquer formalidade.

Acompanhei as atividades do dia, apenas observando. Quem se encarregava de manter a ordem era o irmão leigo, um espanhol que havia estudado na Itália, que misturava espanhol, italiano e português. Notei com certo pavor que ele não impunha o menor respeito, sendo objeto de chacota. Provocado pelos meninos, ele ficava nervoso e não conseguia falar corretamente qualquer frase inteira.

Após o almoço, o padre diretor levou os meninos ao espaço onde ficavam os tratores e distribuiu os serviços agrícolas que cada interno deveria fazer. Seriam duas horas de trabalhos. Uns foram incumbidos de ajudar na granja, outros na estrebaria, na pocilga, na serraria e os demais deveriam capinar numa roça de milho. Quase todos reclamaram. Notei igualmente que o padre diretor não era muito respeitado, mas mantinha um comportamento paternal e bonachão. Ele recomendou-me que acompanhasse os internos que iriam capinar a roça de milho. Cada um pegou uma enxada e o grupo dirigiu-se ao local indicado. Antes de sair, alguns vieram comunicar-me

Confissões de um seminarista apaixonado

que se demorariam um pouco mais, porque deveriam encabar as respectivas enxadas. Não vi razão para recusar, pois eles me mostraram que os instrumentos de trabalho estavam sem cabo ou com o cabo solto. Assim que chegamos, outros internos vieram comunicar que precisariam voltar para casa, pois suas enxadas também estavam com o cabo solto. Uns outros ainda vieram pedir para irem tomar água na mina que havia nas proximidades. O fato é que nenhum deles voltou ao trabalho, nem os que ficaram de vir depois e nem os que haviam voltado para cuidar das enxadas e nem mesmo os que foram beber água. Percebi que eu havia sido ludibriado. Mas, se fosse procurar os fujões, certamente os que estavam trabalhando haveriam de parar o trabalho. Nesse dia o serviço realizado foi quase insignificante. Ao final do dia, relatei o ocorrido ao padre diretor, que se restringiu a rir, dizendo que era preciso ficar esperto.

No dia seguinte, o padre diretor queria que eu me encarregasse de distribuir os serviços, mas argumentei que eu não conhecia nada ainda das atividades agrícolas. O irmão leigo prontificou-se a me ajudar até que eu conhecesse melhor todos os serviços do patronato. Aproveitei para pedir a ele que tomasse providências para que todas as enxadas estivessem devidamente encabadas. Quando alguns internos começaram a pedir para voltar, porque as enxadas estavam mal encabadas, não permiti. Eles deveriam cuidar das ferramentas ali mesmo e quanto mais demorassem pior seria, porque delimitei para cada um o tamanho do roçado que seria capinado. Aos que pediram para tomar água, dei-lhes cinco minutos, alertando-os que se demorassem eles ficariam até mais tarde na roça para terminar o trabalho. Foi desgastante, mas funcionou melhor.

A rotina das atividades diárias era semelhante à do seminário. Acordava-se às seis da manhã, com o toque de uma sirene que podia ser ouvida por toda a vizinhança. Fui encarregado de tocar a sirene todos os dias. Portanto, eu deveria levantar-me pelo menos meia hora antes, para lavar o rosto, escovar os dentes e fazer a meditação matinal junto com o padre e o irmão leigo. No primeiro dia, ao tocar a sirene, o irmão leigo dirigiu-se ao dormitório para cuidar que ninguém deixasse de levantar-se. Preveniu-me que se eu não fosse duro com os internos eles não se levantariam. Era preciso chegar até a cama de cada um e fazer com que se dispusessem a levantar-se. Eu tinha algum tempo livre após o café da manhã, enquanto os meninos estavam na aula, que era dada por um professor que morava nas dependências do patronato. Esse sim era respeitado. Um dia ele me disse que a única forma pela qual eu conseguiria me impor perante os meninos seria mediante castigos que se resumiam em deixá-los sem comer ou castigá-los fisicamente.

— É só metendo a mão na cara! – Dizia.

Evidentemente, esse conselho não foi seguido por mim, que havia lido sobre pedagogia e que estava disposto a tratar os meninos com carinho. Deixá-los sem comida seria desumano, ainda mais sabendo que a maioria estava em idade de crescimento. Chegar às vias de fato, embora fosse um método usual na época, no seminário e mesmo nas escolas, não estava em meus planos. Por isso, fui tentando obter o respeito deles por via de convencimento verbal.

Eles brigavam entre si, conversavam alto em horas em que se impunha o silêncio, não respeitavam os horários e demonstravam indisciplina de todas as formas. Nos primeiros dias, o acompanhamento direto era feito pelo irmão leigo, ficando eu como que "aprendendo" a lidar com eles, até que eu me achasse em condições de tomar as rédeas da situação. À noite, após o jantar, eu percebia que alguns deles sumiam no meio da escuridão, voltando apenas no horário de irem para a capela fazer as orações da noite. Isso me preocupava, de tal forma que poucos dias após minha chegada, não suportando mais ver a maneira desrespeitosa com que era tratado o irmão leigo e até o padre diretor, comuniquei que eu já estava em condições de assumir totalmente o cargo.

Foi um desastre. Eu não era ouvido. Quando ouvido, não era obedecido. Quando tentava me impor, era confrontado. Alguns chegaram a desafiar-me para a briga. Tentei de tudo: falando calmamente e até com carinho; conversando individualmente a sós com os mais indisciplinados; ficando brabo; ameaçando castigar. Era tudo em vão.

Conversei com o diretor, que se resignou a sorrir com benevolência, dizendo que eram crianças problemáticas, que sentiam muita falta do carinho dos pais. Resolvi então chamar os mais problemáticos, um a um, para o meu quarto, a fim de conversar amigavelmente com cada um e tentar descobrir alguma coisa ou pelo menos estabelecer algum diálogo. Percebi que, cada vez que chamava alguém ao meu quarto, outros ficavam espreitando com ar de que eu iria praticar alguma safadeza dentro do quarto. Embora eu não fechasse a porta, notei que os que entravam no quarto ficavam arredios, evitando qualquer aproximação, enquanto outros ficavam observando do lado de fora. Era evidente que eles estavam pensando que eu pretendia manter com eles relações libidinosas. Num único diálogo que consegui estabelecer, fiquei sabendo que quando da minha chegada, ao sentar-me à mesa com o diretor, os mais velhos haviam tramado dar-me uma surra, pois pensavam que eu era um novo interno e que estava sendo tratado como um privilegiado.

O professor era respeitado em tudo. Conseguia ficar a manhã toda com os internos sem que houvesse o menor sinal de indisciplina ou falta de respeito. Fui falar novamente com ele, indagando o que era necessário fazer para obter o mesmo resultado.

— Você só vai conseguir alguma coisa com eles de duas formas: ou deixando eles sem comer ou metendo a mão na cara. Não há outro jeito.

— Eles não podem ficar sem comida. Estão em idade de crescimento...

— Então meta a mão na cara! Só dessa forma eles aprendem a respeitar. Vai por mim, que estou aqui há anos e já conheço bem a situação. Não adianta pedir ajuda do diretor, nem de ninguém.

Perdi o sono, mas não aceitei o conselho do professor. Haveria de achar um meio de lidar com eles. Dava dó ver aquelas crianças órfãs, muitas das quais haviam sido abandonadas pelos familiares, submetidas a um estilo de vida rigoroso. Nos primeiros dias, o toque de levantar era o início dos meus problemas. O irmão leigo vinha bater à minha porta. Descíamos à capela para a meditação matinal. Em seguida eu tocava a sirene e entrava no dormitório dos internos. Muitos continuavam na cama. Eu passava pelo corredor, rezando em voz alta a primeira oração do dia, como era costume no seminário e também no patronato. Dirigia-me à cama dos que não queriam se levantar, tocando-os nos braços, nas pernas e incentivando-os a começarem com ânimo um novo dia. Não obtendo resultado, tirava-lhes então a coberta, mas mesmo assim alguns queriam continuar dormindo.

Como eram sempre os mesmos que se recusavam a levantar-se, após diversas tentativas em dias seguidos, comecei a tirar o colchão da cama com eles em cima, ou seja, comecei a derrubá-los da cama.

Vinte e cinco

screvi para casa, contando que tudo estava bem, que o trabalho era duro, mas que eu estava muito feliz, enfrentando novos desafios. Recebi poucos dias depois uma carta, escrita pelo Toninho, em que a mãe me fazia saber que a Inês havia falecido "de fome", porque não conseguia se alimentar. Acrescentava que não houve meio de evitar isso, mas que Deus devia ter achado que assim era melhor, porque se não a tivesse levado ela sofreria muito.

Em meio a todas as dificuldades que eu encontrava para lidar com os internos, fiquei muito triste com a notícia. Eu praticamente não convivi com os irmãos mais novos, o Geraldo e o Carlos, e muito menos com a Inês, que nascera poucos dias antes de eu me mudar para Erechim. Mesmo assim, era minha irmã e isso doía. Sabia que meus pais estavam sofrendo com isso, a par das dificuldades financeiras.

Tinha de concentrar-me no meu trabalho. Eu dormia mal e sonhava com a indisciplina dos internos. A comida era boa. Havia fartura de leite, queijo, ovos, verduras e vinho. Eu tomava um ovo quente todos os dias no café da manhã. O padre diretor, o irmão leigo e eu tomávamos um copo de vinho todos os dias na hora do almoço e do jantar. Era um hábito. Vinho de campanha. Vi muitas vezes alguns colonos vizinhos trazerem cestas de verduras para o patronato. À noite, antes de ir para a cama, o irmão leigo costumava convidar-me para tomar chimarrão em seu quarto. No início eu não gostava do chimarrão, achando-o muito quente e amargo, mas com o tempo comecei a gostar e passei a fazer-lhe companhia na hora do chimarrão.

Fui convidado por vários dos colonos vizinhos para visitá-los aos domingos. Na grande maioria eram italianos ou filhos de italianos. Um deles era o pai de um colega de turma do seminário e eu sabia que a família ficaria feliz com minha visita. Fui sozinho, a pé. Era um sítio semelhante aos outros: uma boa quantidade de terras, todas cultivadas com cevada, trigo, milho, arroz, parreiras de uvas e árvores de erva-mate. Em todos os sítios, que chamavam de colônias, havia gado, porcos, galinhas, pomar com frutas e horta onde eram cultivadas belas hortaliças. A recepção foi muito cordial. Falavam em português misturado a muitas palavras em italiano. Acho que a procedência deles era Trento. Convidavam-me para, antes de mais nada, conhecer a cantina, onde era guardado o vinho que eles mesmos fabricavam. Havia vinho tinto e branco. É claro que eu devia experimentar um pouco de cada espécie. Experimentar significava tomar pelo menos um copo, do tipo americano. Tentei dizer-lhes que eu não estava acostumado a tomar muito vinho, mas diziam que era só para provar o vinho novo que eles haviam feito. Depois tive que provar o vinho antigo e depois o vinho branco. Mencionavam o tipo de uva usado. A essa altura eu já estava com medo de ficar meio "alto", mas tinha que tentar não deixar transparecer, pois pegaria mal que um clérigo ficasse bêbado. Por outro lado, eles não acreditariam que apenas com dois ou três copos de vinho alguém pudesse ficar bêbado. Felizmente eu não estava de estômago vazio, porque me ofereciam petiscos de queijo e salame. Consegui convencê-los de que esse era o meu limite.

Mostravam-me então a casa. Era do tipo padrão para o local: uma grande casa de madeira, tendo no nível do chão uma estrebaria, uma garagem para as carroças e tratores e a cantina. No andar superior havia uma ampla sala de refeições, com uma grande mesa, em cuja ponta costumava sentar-se o chefe da família, tendo sempre ao lado um garrafão de vinho. Uma sala de visitas e uma cozinha. Os dormitórios ficavam no andar superior ou no sótão.

Em outros domingos fui a outras casas de colonos, sendo sempre muito bem recebido. Voltei uma vez à casa dos pais do meu colega, a que visitei primeiro, mas para ver o chefe de família, que estava com câncer. Fiquei chocado com o estado em que se encontrava. Não era mais o mesmo italiano robusto e corado. Estava de cama, magro, sem cor e gemia muito. Um filho disse-me que ele gemia tanto e tão alto, que era possível ouvi-lo nas colônias vizinhas. Pouco tempo depois ele faleceu.

Naquele ano aconteceu a "revolução de 1964". Os militares,

com a renúncia do presidente Jânio Quadros, tomaram o poder. O ambiente tornou-se tenso, enquanto as rádios transmitiam notícias curtas e muita marcha militar. Não tínhamos o hábito de ouvir muito rádio. Os garotos mais velhos gostavam de reunir-se em uma sala de estar, onde havia um rádio e uma vitrola. Eles gostavam de ouvir músicas gaúchas, especialmente do Teixeirinha. Lembro-me especialmente de duas: uma que tinha como fundamento a briga entre a enxada e a caneta; outra, que era conhecida como "Churrasquinho de Mãe", que contava sobre a morte da mãe do cantor, num incêndio. Era nessa sala, onde vários dos garotos fumavam com a aprovação do diretor, que eu conseguia manter um pouco mais de diálogo com eles. Tive que resistir muito para não adquirir também o vício do cigarro, pois sempre algum deles insistia para que eu também fumasse.

Vinte e seis

Na minha luta por conseguir respeito e disciplina dos internos, fui até à cidade de Erechim, no bairro de Três Vendas, onde havia uma das casas da congregação e onde morava um dos padres com quem eu havia convivido no seminário. Contei-lhe das dificuldades com os alunos. Ele reconheceu que o padre diretor era muito bonzinho e que sabia que o irmão leigo não conseguia nada com os meninos, motivo pelo qual era preciso que houvesse um clérigo para assumir o papel de assistente e soubesse lidar com as crianças. Para meu desespero, ratificou a afirmação de que eu não conseguiria nada sem castigos físicos. Sem dúvida eu precisaria agir com rigor físico, ainda mais sendo eu de estatura pequena. Consolou-me dizendo que esse método seria necessário somente no início, até que eles aprendessem que deveriam me respeitar. Se eu não fizesse isso, a congregação seria obrigada a enviar-me de volta ao seminário para mandar outro em meu lugar, mas isso seria um problema sério, porque os cursos já estavam em andamento e não haveria como enviar outro.

Foi nessa época que comecei a ter problemas de estômago. E foi aí que começou o período de minha vida que eu gostaria de apagar ou ter a oportunidade de vivê-lo novamente, mas de outra forma.

À noite, em conversa com alguns dos internos mais velhos, indaguei qual a origem do apelido de alguns deles, como o "Pintado" e o "Nino". Riram muito e disseram que era por causa das porcas "Pintada" e "Nina". Fiz ar de quem não havia entendido, o que não era de todo mentira.

— O que o clérigo imagina que eles fazem à noite, quando desaparecem no escuro lá pelos lados da pocilga e só voltam na hora das orações da noite?

A decisão estava tomada. Eu faria o que fosse necessário para implantar um mínimo de respeito e disciplina. De outra forma, como eu poderia desempenhar meu papel de educador? Eles precisavam de um freio e de uma direção adequada.

No dia seguinte, de manhã, após a missa, na fila para irem ao refeitório, começou a bagunça. Ainda era horário de silêncio. Uns começaram a falar palavrões a outros. Pedi silêncio. Ao invés do silêncio, mais palavrões. Insisti. Ameacei. Postei-me ao lado do mais desrespeitoso, que era seguramente mais alto do que eu e pedi que se calasse. Ele não deu a mínima para mim e continuou a discussão. Disse-lhe que se não se calasse eu lhe daria uns tabefes. Eu estava com a adrenalina querendo sair pelos olhos. Ele riu-se de mim e disse que eu não era homem. Antes que ele pudesse terminar a frase, dei-lhe um puxão de orelha. Acho que usei mais força do que pretendia, porque imediatamente sua orelha ficou muito vermelha. Houve um silêncio constrangedor.

— De hoje em diante vai ser assim! – disse-lhes com muita raiva. — Há mais alguém que quer me desafiar?

O professor assistiu a tudo de dentro da sala e não interferiu. Pelo contrário, veio parabenizar-me na hora do recreio.

Houve quem fosse reclamar do ocorrido perante o padre diretor, mas ele nem sequer me chamou para conversar sobre o assunto.

Aquele foi o início de um período de confrontos com os internos. O puxão de orelha, que eu gostaria de nunca ter dado, não pelo fato de ter doído muito em mim, mas porque hoje eu teria agido de forma diferente, foi o começo do almejado respeito. Não sei o que poderia ter feito, mas sei que não teria agredido o menino.

Alguns dias depois, no mesmo horário e no mesmo local, o mesmo tumulto. De novo, pedi silêncio e as cenas se repetiram. Um dos mais velhos, de dezessete anos, que não foi o que teve a orelha puxada, disse-me que se eu não fosse clérigo eu não teria coragem de ameaçá-los.

— Por que você acha que eu não teria coragem?
— Porque eu te daria uma tunda.

Confissões de um seminarista apaixonado

— Então venha dar.

— Não posso... O senhor tá usando batina – falou já meio reticente.

— Não seja por isso. Posso tirar a batina, para que você tente.

— Mas o senhor continua sendo o clérigo e depois quem vai se danar sou eu.

Eu sabia que, tendo começado aquilo, não poderia fraquejar. O preço era muito alto.

— Eu tiro a batina e você pode fazer de conta que não sou clérigo, nem vou usar a autoridade para dizer que você precisa me respeitar.

Felizmente o aluno conteve-se e ficou a impressão de que eu o havia enfrentado e ele recuado. Na verdade, eu não tinha medo de apanhar, embora pressentisse que eles, querendo, poderiam de fato aplicar-me uma surra. Eu tinha medo de não conseguir dominar a situação.

Depois desses fatos, adotei uma atitude de menos diálogo e fechei a cara. Continuei normalmente minhas atividades, inclusive nadando com eles no açude, onde pelo menos uma vez por semana eu os levava para tomar banho. Passou-me pela cabeça que eles poderiam tentar me afogar, mas nem por isso deixei de entrar com eles na água.

O padre diretor aconselhou-me a também trabalhar na roça com eles, para dar o exemplo. Respondi-lhe que eu poderia trabalhar, mas achava que não seria o melhor a fazer, porque dessa forma seria mais fácil controlá-los, numa atividade para a qual eles sempre eram refratários. Além disso, eles deviam saber que eu estava lá para cuidar da disciplina e não para trabalhar com eles.

Como previsto pelo padre do bairro das Três Vendas, meu método começou a dar resultados. À medida que eu percebia que passava a ser respeitado, fui abrandando o método "durão", de tal forma que antes do início do inverno, em fins de maio, já não havia necessidade de ser muito rigoroso.

Escrevi uma carta ao diretor do seminário de São Manuel, contando que havia enfrentado muitas dificuldades no relacionamento com os internos, mas que, graças a Deus, tudo começava a entrar nos eixos. Soube que a carta foi lida para meus colegas que estavam fazendo o noviciado no distrito de Aparecida e que o padre diretor havia falado a meu respeito como exemplo de dedicação e tenacidade. Não me lembro se disse na carta que foi preciso agir com rigor para obter resultados, embora isso não fosse nenhuma novidade naquela época. Todavia, eu não me sentia feliz com o método com que havia conseguido as rédeas da situação.

Vinte e sete

O inverno chegou. Na noite da véspera do dia de Santo Antônio, em junho, fizemos uma festa junina no pátio do patronato. Ajudei os meninos nos preparativos. Montamos uma grande fogueira, com troncos de árvores secas, gravetos e outros materiais combustíveis. Assamos pinhão, pipoca e batatas doces. Colocamos música e ficamos à noite à beira da fogueira, até mais tarde, comendo e soltando bombinhas. Foi uma festa animada, apesar do frio.

Na manhã seguinte, ao acordar, vi pela janela do meu quarto que o pátio de chão batido estava todo branco de gelo. A água da pia estava congelada dentro do cano. Foi a primeira de muitas outras geadas. Senti pena de ter que fazer os meninos se levantarem, na hora do costume, mas era necessário. Já não era preciso derrubar ninguém da cama.

Eu sentia pena também de levar os garotos ao açude, para eles tomarem banho na água fria. Eles tinham a opção de tomar banho de chuveiro, mas o chuveiro não era elétrico. Havia apenas um chuveiro elétrico que era usado pelo padre diretor, por mim e pelo irmão leigo. Nesse ponto o padre diretor era exigente. Eles tinham que tomar banho pelo menos uma vez por semana, de água fria, qualquer que fosse a temperatura. Tentei inutilmente convencer o diretor a instalar mais alguns chuveiros elétricos.

Certa manhã notei que o menorzinho dos internos estava chorando. Ele tinha apenas quatro anos. Fui conversar com ele para verificar o que havia acontecido, porém ele só chorava. Disseram-me então que ele estava chorando por causa do frio. Procurei arrumar-lhe mais algum agasalho, porém a mãe dele, que era cozinheira do patronato, mostrou-me que ele já estava bem agasalhado. Entre camisas e blusas, contei sete peças. Isso acontecia num horário terrível da manhã, quando o sol aparecia timidamente no céu e havia gelo no chão. Nesse horário o frio aumentava.

A mãe dele, separada do marido bêbado, era "polaca".

Cozinhava bem, mas tinha rusgas com a lavadeira, que tinha uma filha. Mãe e filha lavavam roupas, passavam e ajudavam na cozinha. A "polaca" brigava muito com as outras duas. Às vezes a cozinheira chamava-me à cozinha para oferecer-me alguma coisa diferente para comer, mas na verdade o que ela queria era falar mal da lavadeira. Eu apenas ouvia, porque não tinha queixas de nenhuma delas. Numa dessas ocasiões, enquanto a "polaca" falava mal da lavadeira, esta entrou furiosa na cozinha e ficou brava comigo. Tentei dizer-lhe que eu não havia dito nada. Mas ela estava descontrolada e disse que estava pedindo a conta e ia embora. Disse-lhe mais uma vez que eu não havia falado nada, apenas ouvido o que a outra tinha a dizer, mas como ela insistisse que ia embora, não me restou outra alternativa senão dizer-lhe que eu sentia muito, mas que se isso era o que ela queria eu iria falar com o diretor. Preveni o diretor sobre o ocorrido e ele colocou "panos quentes" na situação. Dias depois consegui explicar à lavadeira que eu não tinha nada contra ela e que eu nunca havia falado mal dela ou da filha e prometi que não entraria mais na cozinha para não ter que ouvir conversas das quais eu não gostava.

No topo da escadaria que levava ao dormitório, havia uma grande janela, de onde era possível ver quase toda a extensão das terras do patronato. Dessa janela vi um menino cair do alto de uma árvore de "uva japonesa". Fiquei apavorado, porque a altura da qual ele caiu não ficava a menos de uns oito metros. Não o vi batendo no chão, pois havia construções à frente. Desci as escadas aos pulos, temendo encontrá-lo morto ao chegar. Encontrei-o em pé, brigando com outro menino, a quem ele acusava de responsável por sua queda. Nunca fiquei tão feliz com uma briga. Percebi que ele havia caído sobre o telhado de uma construção, depois de ter esbarrado num galho mais abaixo, e não estava ferido. Mesmo assim, o diretor levou-o ao hospital, onde ficou em observação durante a noite, voltando no dia seguinte sem qualquer sequela.

Outro fato foi observado da mesma janela. Com o inverno rigoroso, as terras onde ficava a plantação de erva-mate era coberta de capim seco. Vi quando dois rapazes desconhecidos

Confissões de um seminarista apaixonado

jogaram alguma coisa à margem do caminho por onde passavam, provavelmente uma bombinha, seguindo-se imediatamente o início de um incêndio. O fogo começou a propagar-me rapidamente. Vislumbrei o desastre iminente, com muitas plantações por perto, inclusive em terras dos vizinhos. Desci correndo e avisei aos garotos que era preciso apagar um incêndio. Os meninos foram rápidos e eficazes. Nem foi preciso dizer o que era preciso fazer, pois eles saíram correndo, pegaram baldes e em poucos minutos já estavam no local jogando água e apagando o fogo com galhos de árvores. O incêndio foi controlado em poucos minutos.

Num domingo à noite vieram avisar-me que um dos garotos, o mais velho, estava bêbado num dos sítios vizinhos. Era preciso ir buscá-lo. Felizmente o padre diretor estava presente e prontificou-se a tomar as providências. Eu deveria ficar com os demais. Havia uma camionete no patronato, mas ela estava na oficina. Assim, ele fez-se acompanhar de dois outros garotos e saíram de trator, com uma caçamba atrelada. Fazia muito frio e quando finalmente eles voltaram, os internos já estavam na cama. Procurei pelo bêbado e não o avistei. Disseram-me que ele estava deitado na caçamba, que ficara na garagem.

— Mas vocês não vão levá-lo para a cama? Está muito frio.
— Ele não está sentindo frio nenhum – disse o diretor. Deixa lá mesmo. Quando acordar, sobe sozinho.

Fui vê-lo. Estava em coma alcoólico. Não sei a que horas ele acordou e foi para a cama. De manhã, quando toquei a sirene, acordou normalmente e levantou-se.

O professor era alto, forte, enérgico e amigo. Nas horas de folga costumávamos jogar pingue-pongue. Jogávamos bem. O exercício era muito bom para combater o frio, sendo comum suarmos enquanto lá fora havia gelo no chão.

Fizemos bons passeios com os meninos e a sempre agradável companhia dele. No final das contas, foi ele quem me ajudou a conseguir o respeito dos internos.

Havia muitos lagartos pelas roças de milho. Eram grandes e quando aparecia algum, os internos o perseguiam até capturá-lo.

Na primeira tentativa frustrada de capturar um, indaguei deles por que pretendiam caçá-lo. Não tiveram nenhuma dúvida em responder que era para comê-lo. Comentei o fato com o professor, que foi enfático em dizer que eram muito deliciosos. Explicou-me que eram teiús, que podiam chegar a mais de um metro de comprimento, comiam insetos, ratos, ovos e filhotes de passarinhos. Logo após o inverno era comum vê-los sem a cauda. Acreditava-se que eles, durante a hibernação, comiam a própria cauda. Fiz sinal de nojo quando me falou sobre comê-los, mas ele retrucou que eram muito bons e que eu também iria comer, quando conseguissem pegar um deles. Desde já, estava convidado a almoçar na casa dele quando chegasse a ocasião.

— Posso ir almoçar na sua casa, mas só para ver você comer isso. Eu não vou comer...

Alguns dias depois ele procurou-me logo cedo, dizendo que naquele dia era para eu almoçar na casa dele.

— Tem lagarto?
— Tem.
— Então vou só para ver você comer isso.

Quando cheguei, a mesa estava posta. Almoço simples e caprichado. O prato principal era uma carne com aparência de frango. Olhei para esse prato e ele disse:

—É esse mesmo. Você vai ver como é bom.

Por via das dúvidas, a esposa do professor havia preparado também um prato de peixe. Quando começamos a comer, o professor e a esposa pegaram pedaços do prato de lagarto e comeram com gosto. Insistiram para que eu experimentasse. Lembrei-me de que, no seminário, havia aprendido a comer de tudo. Titubeando, peguei um pedaço pequeno e levei-o à boca. De fato, era muito bom. No final do almoço, o prato de peixe restou quase intacto, mas da carne de lagarto nada sobrou.

Entendi por que havia tantos ratos naquelas terras. Com a caça aos teiús, os ratos proliferavam. Próximo à casa do professor ficava a estrebaria, uma grande construção de madeira, com paredes duplas. O andar superior era destinado ao depósito de espigas de milho. Havia muito milho, que era usado para a ração do gado, dos porcos e das galinhas. No meio do milho havia também ratos, muitos ratos.

A essa altura, meu relacionamento com os internos já era muito bom. Um dia propus a alguns dos internos fazermos uma caçada aos ratos do paiol. Os olhos deles brilharam. Organizamos a caçada, de tal forma que alguns dos meninos teriam a missão de fazer muito barulho e agitar todo o estoque das espigas de milho, para que os ratos corressem; outros acompanhariam os agitadores com pedaços de pau, para matar os que aparecessem; outros ficariam no térreo, para cercar os que tentassem fugir; outros ainda portariam grandes varas de bambu, para derrubar os que fugissem para o teto; e ainda alguns ficariam do lado de fora para perseguir os fugitivos. É claro que toda a estratégia contou com as sugestões dos meninos. Achei aquilo exagerado, mas eles afirmaram que haveria rato para todo lado. Foi um pandemônio. Nunca vi tantos ratos na minha vida. A caçada não durou mais do que dez ou quinze minutos, mas no final havia vários e consideráveis montes de ratos mortos.

Os guris eram destemidos. Quando alguém avistava alguma cobra, especialmente nas imediações do açude, vários deles corriam para capturá-la viva. Quando apanharam uma dessas cobras, perguntei se eles não tinham medo de serem picados. Riram de mim. Quando comentei que felizmente era uma cobra pequena e inofensiva, prometeram que quando surgisse alguma urutu, coral ou cascavel, eles a pegariam e trariam para que eu visse. Não foi preciso muito tempo para cumprirem a promessa. Lembrei-me então que também eu e meus irmãos, durante toda a infância, havíamos andado por matas, brejos, rios, lagoas e quiçaças, sem que qualquer um de nós fosse picado por cobra. É bem verdade que nossa companheira de andanças, a Lila, sempre se antecipava na localização dos répteis.

Num dos trabalhos agrícolas, estávamos todos roçando mato numa gleba de terras onde seria plantado milho, onde havia muitos arbustos verdes de cerca de meio metro de altura. Delimitei no chão a parte da gleba que incumbia a cada um roçá-la. Quando o trabalho estava prestes a terminar, todos convergiam para o último trecho, no centro da gleba. Ao disputarem com as foices o último feixe de arbustos, houve um alerta de que ali havia uma cobra. Gritei para que tomassem cuidado. Corri para o ponto de encontro, disposto a fazer com que recuassem, pois eles estavam se aglutinando no local. Para meu espanto e alívio, um deles virou-se para mim com uma enorme urutu nas mãos, viva e intacta. Depois fizeram o que era usual fazer com as cobras naquela época. Mataram-na. Como era grande, tiraram-lhe o couro.

Conclui que o anjo da guarda daqueles meninos era muito bom. E o meu também, porque se alguém fosse picado pela cobra teríamos sérios problemas e eu seria o responsável.

Vinte e oito

Uma carta do Toninho noticiava que haviam colhido o arroz, tendo sido uma safra boa. No entanto, haviam sido obrigados a vender tudo muito barato, porque o preço havia caído pela metade. Como a dívida na venda estava alta, foi preciso vender tudo de uma só vez. A dona do sítio havia comunicado que não renovaria o contrato. Portanto, eles estavam procurando uma casa para morar, porque tinham de devolver o sítio para a dona. Estavam encontrando dificuldades para achar uma casa e ainda não sabiam o que iriam fazer, mas Deus haveria de dar um jeito.

Aquela carta fez com que eu sentisse vontade de largar tudo e ir para casa, tentar ajudar meus pais e irmãos no que fosse necessário. Mas, fazer o quê? O ano já se encaminhava para o final e as coisas no patronato estavam sob controle. Eu precisava terminar meu tirocínio. No final do ano eu iria para casa, onde quer que fosse, e decidiria se faria o noviciado ou sairia de vez do seminário.

Após as provas de final de ano, os internos sairiam em férias. Muitos não tinham casa para ir, mas o padre diretor havia encontrado um jeito de que quase todos tivessem um lugar para ir: casa de parentes, colaboradores, outras casas da congregação. Apenas dois ou três ficariam no patronato, ajudando nas atividades agropecuárias. Eu deveria ficar até que todos houvessem saído e isso seria feito depois do Natal.

Com a saída dos piás, a diretor sugeriu que eu fosse passar dois dias na casa de Três Vendas e aproveitar para consultar-me com um médico que ele conhecia, para cuidar do meu estômago. Despedi-me dos internos, sem discursos ou qualquer formalidade, apenas apertando a mão de cada um e desejando-lhes boas férias e boa sorte. O silêncio dominou o momento, mas eu senti que havia terminado um trabalho desgastante, com mais traumas do que glórias. Gostaria que tivesse sido diferente, mas não era possível desfazer o que estava feito. Senti um pequeno aperto na garganta e um misto de arrependimento e sensação de dever cumprido.

Muitas vezes, durante anos, sonhei com aqueles meninos e com as dificuldades encontradas, em situações que eu não conseguia contornar amigavelmente. O padre levou-me de camionete até o hospital. Fui atendido por um médico jovem e muito amigável. Examinou-me e diagnosticou apendicite crônica. Eu deveria ser operado, embora não fosse urgente. Prontificou-se a operar-me gratuitamente. Embora eu estivesse ansioso para viajar para casa, pensei nas dificuldades que teria para a operação. Ali eu teria um médico e hospital de graça. Uma vez em casa ou no seminário, não sei se teria essas facilidades. O padre diretor aconselhou-me a aproveitar a oportunidade de operar, não somente porque era de graça, mas porque eu estava de férias.

Fui operado e ao sair do hospital fiquei na casa do bairro das Três Vendas. Lá havia apenas um padre, aquele já conhecido do seminário, além de um empregado, que fazia as funções de sacristão, e uma cozinheira. Além da cozinheira, que era muito atenciosa, estava na casa, por uns dias, uma irmã dela, uma loira muito bonita, de olhos azuis. A loira também era atenciosa. Pela segunda vez na vida senti forte atração por uma mulher. A recordação da moça de Araraquara e o desejo de revê-la ainda persistiam. Procurei interpretar aquela atração como uma tentação para eu desistir da minha vocação e depois de apenas um dia voltei para o patronato, para terminar lá minha convalescença.

Não havia muito o que fazer naqueles dias. Na capela havia um órgão. Todavia eu não havia dedicado muito tempo a tocar, porque nunca tive um professor nem qualquer método a seguir. Havia iniciado um pequeno aprendizado no seminário, mas foram poucas tentativas. O Mauro sim estava aprendendo a tocar e era muito persistente. Numa das horas em que não tinha o que fazer, comecei a andar de bicicleta pelo pátio, apesar da reprimenda da cozinheira, que recomendava cuidado para não infeccionar o corte.

Finalmente o diretor deu-me dinheiro suficiente para a viagem e pude tomar um ônibus para São Paulo, onde me encontrei com a tia Olga, que era freira. Trabalhava no Hospital Matarazzo, onde era chefe de enfermagem. Notou que eu estava pálido e perguntou se eu estava bem. Respondi-lhe que havia sido operado

Confissões de um seminarista apaixonado

de apendicite e que o corte ainda não estava fechado. Ela pediu para examinar-me e constatou que o corte, além de estar aberto, havia infeccionado. Providenciou curativos e deu-me alguns medicamentos para tomar. Pude então tomar o trem para Jaú. Chegando em Jaú, dirigi-me ao seminário, antes de tomar o trem e descer na estação de Ave Maria, de onde eu deveria procurar o sítio dos Gabrioli. A última carta recebida em Erechim informava que a família havia encontrado uma casinha de tábuas, de apenas três cômodos, que os Gabrioli generosamente haviam emprestado. Não era boa, mas era um lugar para morar. O pai e o Toninho poderiam arrumar serviços de roça nas redondezas, ganhando "por dia". Quando houvesse muito serviço no sítio, eles ajudariam os Gabrioli.

Um dos padres que estava no seminário de Jaú perguntou-me onde moravam meus pais. Respondi que era na Ave Maria. Ele ofereceu-me carona, pois teria que ir de jipe para Potunduva, passando pelo bairro de Ave Maria. Recusei a oferta, embora meu dinheiro estivesse acabando. Argumentei que eu nem mesmo sabia exatamente onde ficava a casa, mas que eu pediria informações na venda. O padre insistiu, dizendo que essa era uma razão a mais para me levar até lá. Eu queria a todo custo evitar que o padre fosse até a casa dos meus pais, porque tinha vergonha do estado de pobreza em que eles se achavam. Não consegui evitar. O padre, juntamente com mais um amigo dele, deram-me a carona. Não foi difícil achar a casa. Bastou perguntar na venda. Tomamos uma estradinha. Vi uma humilde casinha de tábuas e, com o barulho do jipe, apareceram na porta a mãe e alguns irmãos pequenos. Avisei o padre que ele podia parar ali mesmo, que a casa ficava pertinho. Não tive coragem de mostrar a ele a casa e a figura sofrida da mãe e dos irmãos menores, mas não foi preciso, pois ficou evidente que, apesar da timidez de todos, aquela era a minha família.

— É o Zé! – disseram alegres logo que desci do jipe.

Agradeci ao padre e dirigi-me à casa, sem ao menos perguntar se ele gostaria de conhecer minha família ou tomar um café. Talvez não houvesse café para oferecer... Para meu alívio, ele manobrou o jipe e foi embora. Eu me sentia mal por ter vergonha da minha família.

Aquelas férias praticamente não existiram, porque eu deveria iniciar o noviciado, conforme havia sido proposto. Seria um ano inteiro para pensar, rezar e meditar muito. Um ano de trezentos e sessenta e cinco dias, durante o qual faríamos muitos retiros, culminando com um de três dias completos, sem poder conversar, ao fim do qual os clérigos que estivessem preparados fariam os votos provisórios de pobreza, obediência e castidade. Seriam votos solenes, embora ainda não perpétuos. Eu haveria de reunir-me novamente com meus colegas de turma, inclusive o Mauro e o Luizinho que, enquanto eu fazia o tirocínio, já haviam começado os estudos de filosofia. Eles, depois do noviciado, teriam que passar pelo tirocínio, espalhados pelas diversas casas mantidas pela congregação.

O pai e o Toninho lutavam pela sobrevivência da família realizando serviços nas propriedades vizinhas, onde fosse possível. A principal fonte de rendas era o serviço de corte de cana-de-açúcar ou de carregar os caminhões de cana que faziam o transporte para as usinas. Era um trabalho pesado, que se iniciava ainda de madrugada e terminava somente ao anoitecer, numa época em que não se empregava qualquer maquinário. Tudo era feito manualmente e quase sempre a cana era queimada. O serviço era pior quando a cana não era queimada, por causa da coceira provocada pelo joçá, ou seja os pelinhos das folhas. Era de causar pena a figura do Toninho ao chegar em casa: cansado, quieto e todo enegrecido em razão da cana queimada.

Vinte e nove

A presentei-me na casa de Aparecida de São Manuel, onde seria feito o noviciado, juntamente com meus colegas, bem no início do ano. Ali seríamos acompanhados não mais por um padre assistente, mas sim por um padre "mestre", que nos ajudaria continuamente nas dificuldades espirituais. Haveríamos de travar intensas lutas interiores contra os desejos e concupiscências da carne, contra os atrativos da vida exterior, contra os maus pensamentos, contra nossos ímpetos de egoísmo e falta de entrega total de nossas vidas à vontade de Deus e ao trabalho missionário. Se durante todos os anos que vivemos no seminário isso já acontecia diuturnamente, haveria de ser redobrado durante o noviciado. Por isso, cuidei de esquecer as dificuldades pelas quais passava minha família. Haveria de concentrar-me em fazer um bom noviciado e tomar a importante decisão de abraçar de vez o sacerdócio missionário ou deixar a vida religiosa. Quando eu pensava no que haveria de fazer se deixasse o seminário, não vislumbrava nada de estimulante, nem a profissão que eu poderia seguir. Sabia que deveria fazer o possível para não ficar trabalhando na roça, porque já tinha estudos suficientes para adotar alguma profissão diferente. O que importava não era o que eu seria, mas sim se seria padre ou não.

O seminário de Aparecidinha, como era conhecido o distrito onde se localizava o prédio destinado ao noviciado, já era conhecido. Havíamos ido para lá algumas vezes para ajudar o padre ecônomo em alguma de suas visitas para colher laranjas, ou buscar mel, ou fazer o abate de coelhos que eram criados lá. Era um prédio semelhante ao de São Manuel, em dimensões menores, localizado próximo ao santuário de Nossa Senhora de Aparecida. Havia um campo de futebol num terreno que ficava em frente ao seminário; um pomar ao lado e fundos; um espaço destinado à criação de coelhos e galinhas. Dentro do pomar havia uma série de caixões de abelhas, pois lá se praticava a apicultura. No quintal, em parte coberta, havia mesa de pingue-pongue. No outro lado do quintal havia uma gruta de Nossa Senhora Consolata. Defronte a essa gruta os noviços faziam em pé as orações da noite, quando o tempo o permitia, sempre com cânticos sagrados e pausa para meditação e exame de consciência.

No interior do prédio havia uma capela, com entrada interna para os noviços e externa para os fiéis que podiam assistir às missas e outras cerimônias. As demais dependências eram apenas as necessárias: uma sala de estudos, uma pequena biblioteca, um quarto para o padre mestre, um dormitório, banheiros, refeitório e dependências para as freiras que cuidavam da comida e roupa. O dormitório era dividido por pequenas baias cercadas por panos brancos. Todo o ambiente era simples e induzia ao recolhimento, à oração e à meditação, pois a casa era quase que isolada do povoado.

A fama do padre mestre era das melhores: amigo, bom ouvinte, prático, paciente, sábio e piedoso. Precisaria de tudo isso para nos proporcionar um ano inteiro de meditação, orações e estudos religiosos, para avaliar cada um dos noviços e decidir se estava apto ou não à vida religiosa.

Se não devíamos ter preocupações financeiras ou profissionais, enfrentaríamos imensas lutas interiores contra nossos defeitos. Éramos um grupo pequeno. Da nossa turma inicial de Jaú, de sessenta meninos, restavam apenas três: o Luizinho, o Mauro e eu. Somando-se o que restara das turmas de Rio do Oeste, Erechim e Três de Maio, não passávamos de quatorze noviços. O método de arregimentação de seminaristas de pouca idade, de paróquia em paróquia, igreja em igreja, ou casa em casa, possivelmente tivesse que ser mudado. Mas os padres diziam que se pelo menos um padre fosse ordenado em cada turma já valia a pena.

Eu continuava com muita vontade de desistir de ser padre. Mais do que um desejo, sentia que era uma necessidade. Não era a falta de sexo, nem os estudos, nem as orações. Era o tipo de vida. Não me adaptava a viver em comunidade, sem ter a

Confissões de um seminarista apaixonado

companhia de uma pessoa com quem pudesse conviver, com quem fosse fácil ter diálogo. Deixara de ter qualquer contato com meu colega de São Manuel, por quem nutria amizade particular. A lembrança da morena, irmã do colega de Araraquara, era constante em minha mente. Recordava-me frequentemente da loira das Três Vendas que me cativara com um simples sorriso e poucas frases trocadas quando nos conhecemos. Apesar de nunca ter tido nada com a moça de Araraquara, a não ser o convívio em sua casa por algumas horas em dois dias apenas, era motivo de sonhos quando dormia e também quando estava acordado. Eu lutava contra esses pensamentos. Nunca lhe escrevi, nunca indaguei sobre ela a ninguém. Meu coração palpitava quando me lembrava dos momentos felizes ao lado da moça de Araraquara. A carência afetiva arrasava-se. Como eu poderia ser um bom padre se não conseguia me sentir bem vivendo com os colegas, sem ter alguém em especial para amar? Será que, quando eu fosse padre e minha vida fosse menos controlada do que era, eu não me apaixonaria por outras moças? Como seria meu contato com as moças que viessem ao meu confessionário falar de seus problemas?

Uma vez, quando atendi à porta uma garota que viera comprar mel e ela me dirigiu um olhar especial, tremi na base. Ela nem era bonita e mesmo assim o seu olhar ficou gravado em meu pensamento, embaralhado com a lembrança da morena e da loura.

Todos esses pensamentos e sentimentos eram motivo de intensa luta interior. Procurava apagá-los com orações e sacrifícios. Treinava muito a força de vontade. Quando eu sentia sede, não tomava água de imediato. Esperava um novo intervalo nas atividades para matar a sede. Quando vinha algum doce de que eu gostava muito na hora da sobremesa, eu demorava para começar a comê-lo e o fazia bem devagar, para frear meus impulsos. Procurava mortificar-me nas pequenas coisas. Quando ganhava uma bala ou um bombom, depositava-o sobre a minha mesa de estudos e demorava dias para comê-los, mesmo estando ao alcance da minha mão.

Quando era possível, escrevia poesias. Mas tudo tinha um tom de tristeza, porque minha vida era triste. De vez em quando o padre mestre nos autorizava a dar um passeio. Geralmente esse passeio consistia em sairmos andando pelos pastos, à beira de um canavial e sentarmos à sombra de uma árvore, sob o comando de um colega. Podíamos chupar cana. Eu não tinha vontade de conversar com ninguém. Quando procurava me enturmar, não conseguia ser ouvido ou eu não tinha assunto.

Sentia-me bem jogando pingue-pongue nas horas de recreio. Como eu era habilidoso nisso e pelas regras quem ganhava continuava jogando até que alguém conseguisse vencê-lo, era comum eu ficar muito tempo jogando. Por vezes, eu conseguia mandar para o outro lado todos os colegas, porque ninguém me vencia. Mas até isso começou a gerar insatisfações. Uma de nossas atividades de formação pessoal consistia na chamada "confissão pública". Na capela, depois de algumas orações, ficávamos um bom tempo fazendo exame de consciência, procurando vascular nossas atitudes e comportamento. Então, um de cada vez, ia até à frente e confessava publicamente seus defeitos ou pelo menos alguns deles. Isso não era fácil, porque tudo era feito com muita seriedade. O pior é que os demais noviços deviam nos julgar e escrever num papel os defeitos que viam em nós. Os papéis eram entregues ao padre mestre, que lia publicamente os defeitos que cada um tinha. Uma vez fui acusado de ser egoísta, porque eu queria jogar pingue-pongue sozinho, não me preocupando com os outros que tinham de esperar a sua vez. A partir de então, comecei a errar propositadamente algumas jogadas para não ficar jogando muito tempo. Outro defeito de que me acusaram é que eu não rezava em voz alta as orações na capela. Isso era para mim uma tremenda injustiça, porque eu me esforçava muito para rezar sempre em voz alta e afinada com o tom que era imprimido. O problema é que eu não tinha um timbre de voz muito forte, aliado ao fato de que o tom dado por quem comandava as orações era um tom muito grave para a minha voz. Por isso, minha voz não se destacava.

Outro momento de que eu gostava muito era a hora do futebol. Quase todos os dias, após o almoço, jogávamos futebol por cerca de uma hora no campo em frente ao seminário.

Porém era comum ter que deixar o campo no meio da partida para atender a algum paroquiano que ia à sacristia do santuário para marcar missa, batizado ou outra atividade paroquial. Eu ia a contragosto e depois arrependia-me de não ter atendido às pessoas com alegria. O fato é que eu não sentia alegria nisso. A essa altura já participávamos ativamente de algumas funções religiosas no santuário. Em certas épocas, um de cada vez, devíamos fazer uma espécie de homilia para os fiéis. Isso eu gostava de fazer. Gostava também de cantar no coral do seminário.

Todas as minhas ansiedades e dificuldades eram relatadas ao padre mestre, que me ouvia pacientemente e me aconselhava a continuar me esforçando, rezando e fazendo sacrifícios, pois Deus haveria de mostrar o melhor caminho para mim. Se fosse da vontade dele que eu deixasse a vida religiosa, eu o faria futuramente sem problema de consciência. Ele me ajudaria na decisão.

O Luizinho e eu fomos encarregados um dia de colher tangerinas no pomar. Mas, as últimas que haviam restado estavam dentro de um cercado de bambu que ficava no meio do pomar, onde se concentravam os caixões de abelhas. O Mauro, juntamente com o Expedito, eram os encarregados da apicultura. Eles já sabiam como lidar com as abelhas e já estavam até acostumados a algumas picadas. Eu, porém, lembrava-me do castigo que havia recebido em Jaú, ajoelhado em frente às caixas de abelhas, tomando picadas. Tive medo. Quando fomos instados a adentrar o cercado, argumentei com o padre que estava lá, que era muito perigoso, pois fazia calor e as abelhas estavam esvoaçando. Ele disse que não haveria problemas se subíssemos nas laranjeiras sem fazer barulho e sem conversar. Fui devagarinho até um dos pés de laranja e comecei a subir pelo tronco. De fato, havia ali muitas tangerinas. Não demorou e as abelhas começaram a voar ao redor de minha cabeça. O padre falou:

— Não se mexa. Se ficar quietinho elas não atacam.
Fiquei imóvel e senti uma picada no rosto.

— Continue sem se mexer, que elas não atacam.

Outra picada e mais outra. Lembrando-me do castigo, pulei do galho e sai correndo como um doido. A essa altura o Luizinho também já havia sido picado e também havia corrido. As picadas foram poucas dessa vez. Naquele ano, as famosas abelhas africanas já se misturavam às abelhas Europa. Um dia houve uma debandada. Os enxames começaram a atacar os animais e querer invadir os espaços fechados. Corremos todos para dentro da casa e fechamos todas as portas e janelas. Só nos restava olhar para o ataque feroz sobre as galinhas e patos. Dava pena ver as aves correndo e sucumbindo com as picadas na cabeça. No final do dia, tendo voltado a calma, contabilizamos dezenas de galinhas e patos mortos. Até alguns bezerros foram mortos. Ao comentarmos o ataque aos patos com um dos vizinhos do seminário, que prestava alguns serviços aos padres, ele retrucou com seu jeito peculiar de falar:

— Quem manda *sê* besta *di num reagi*?! Já tem o nome de pato!...

À medida que se aproximava o final do ano e já se falava sobre o retiro de três dias que seria seguido da cerimônia em que deveríamos fazer o juramento de pobreza, obediência e castidade, eu me convencia que minha vocação não era verdadeira e que eu não seria um bom padre. Portanto, seria melhor desistir e ser um bom católico do que um mau padre. A essa altura a minha madrinha de seminário já havia morrido. Estavam falecidos meus dois avôs. Lembrava-me de que, quando o nono estava no leito de morte, cercado pelos filhos e netos, havia perguntado sobre o Mauro e eu. Explicaram-lhe que nós estávamos no seminário e não podíamos sair, mas que estávamos rezando por ele. Meus pais haveriam de entender que eu não devia ser padre à força, pois não era verdadeira minha vocação. A Luzia já havia saído do convento.

Trinta

A vida da minha família melhorou um pouco. Depois de quase um ano morando na casinha velha de madeira, surgiu a oportunidade para mudar-se para uma propriedade de um dos parentes do João Conti. Era também uma pequena fazenda de café. A casa era bem melhor, ficava próxima à casa do administrador, que era amigo do pai e próxima à casa do tio Angelim, irmão da mãe. Ali não faltou trabalho e a vida melhorou. Foi possível ao pai comprar um rádio de pilha, que passou a ser o companheiro de solidão do Toninho nas noites escuras e nos domingos.

A única sequela do acidente do pai com o eucalipto que lhe caíra na cabeça era uma relativa surdez. Ele gostava muito de ouvir no rádio um programa em que participava o Padre Donizete. Este padre tinha a fama de santo e morava em Tambaú, cidade próxima a Bauru. O pai gostava tanto desse padre e do programa que uma vez chegou a participar de uma romaria a Tambaú. Ele ouvia o programa com verdadeira devoção. Um dia, ao ouvir o programa, na ora da bênção que o padre dava pelo rádio, ele sentiu um estalo no ouvido. Imediatamente começou a ouvir bem e nunca mais teve problema de surdez. Embora esse fato tenha sido comentado nas redondezas, somente fiquei sabendo do "milagre" muito tempo depois, ao perceber que ele ouvia bem.

Numa das últimas conversas que tive com o padre mestre, disse-lhe que eu, depois de mais de quatro anos relutando contra a vontade de deixar o seminário, estava decidido a fazê-lo. Ele não mostrou surpresa. Disse-me que eu poderia ser um bom padre e que me havia analisado sob todos os aspectos. Eu poderia ser muito bom como professor, ou missionário, ou orador e em outras atividades que eu exerceria como padre. Ficou um pouco reticente apenas quando me analisou como confessor. Perguntou-me o que eu gostaria de ser se não fosse padre. Respondi-lhe que não sabia bem, mas que havia pensado na hipótese de ser advogado, embora eu tivesse muitos problemas com a timidez. Poderia também ser professor de português ou talvez até trabalhar como redator ou coisa que o valha. Ele ainda argumentou que poderia me recomendar para fazer advocacia, ao mesmo tempo ou depois da filosofia e teologia, pois a congregação precisaria muito de um padre advogado. Argumentei que não era a profissão o que me preocupava, mas sim o fato de não me sentir feliz na vida religiosa. Disse-me que ele iria rezar por mim e que eu devia esperar por mais alguns dias, pois o retiro estava próximo. Pouco antes do retiro eu deveria voltar a falar com ele. Se ainda estivesse com o mesmo pensamento, ele apoiaria a minha saída e me daria a sua bênção, sem que eu devesse me preocupar com o fato de haver recebido tantos estudos, esforços e tempo dedicados pela congregação, nem com o que os outros pensariam a respeito da minha decisão. Deus entenderia minhas razões e era isso o que importava.

Alguns dias depois, às vésperas do início do retiro, voltei a falar com o padre mestre, comunicando-lhe que eu estava decidido a deixar o seminário. Ele concordou, dizendo que depois de tanto pensar, se era esse o meu sentimento, eu fazia bem em sair. Mesmo assim, as portas do seminário estariam abertas para mim, de forma que se eu sentisse que deveria voltar, a congregação me receberia de volta de braços abertos. Beijei-lhe a mão, abençoou-me e disse que eu fosse em paz. Senti um alívio muito grande, como se ficasse livre de um peso que me prostrava. Comuniquei minha decisão a meus colegas. Não participaria do retiro, pois ele era destinado à preparação para os votos, que eu não faria. Por isso, eu estava liberado para despedir-me dos colegas e ir embora. Mas, como eu havia concluído um ano inteiro de noviciado, se resolvesse voltar, não precisaria fazê-lo novamente. Senti que muitos ficaram tristes. Eu, porém, embora triste pela despedida, estava aliviado.

Cheguei em casa meio desenxabido. Embora tivesse certeza de que minha decisão era acertada, não sabia qual seria a reação de minha família, depois de ter saído de casa com onze anos e voltar com vinte e um. Sem dúvida, haveria um sentimento de desencanto.

Confissões de um seminarista apaixonado

A única coisa que minha mãe disse foi:

— Agora *ocê* vai *precisá trabaiá.*

Meu pai não demonstrou nenhuma atitude de surpresa, nem comentou nada. Parece que os irmãos acharam bom eu ter voltado para casa. Respondi para a mãe que eu iria procurar emprego na cidade e que, assim que eu estivesse trabalhando eles também poderiam mudar-se para Jaú. No dia seguinte fui a Jaú em busca de emprego. Minha intenção era trabalhar e continuar estudando. Era hora de iniciar uma faculdade. Eu ainda não sabia exatamente o que queria estudar. Possivelmente letras ou direito. Em Jaú não havia grandes escolhas quanto a faculdades. Na verdade, não havia nenhuma em que fosse possível trabalhar de dia e frequentar as aulas à noite. A única empresa grande era uma indústria de tecidos, que empregava mais de três mil pessoas. Fui até o escritório da fábrica, mas não havia vagas. Procurei então outras empresas menores, em que havia escritório. Passei por algumas entrevistas e testes, mas em todo lugar a resposta era a mesma.

— Agora não temos vagas, mas quando surgir poderemos chamá-lo.

Depois de tanto estudo, eu estava decidido que não trabalharia na roça, a não ser em caso de extrema necessidade. Após alguns dias e muita busca frustrada, comuniquei a meus pais que eu iria para São Paulo, onde poderia trabalhar e estudar.

Em São Paulo, minha esperança era o tio Neno, irmão da vovó, que não tinha filhos e era aposentado. Eu havia passado na casa dele no dia em que cheguei de viagem de Erechim. De vez em quanto ele vinha visitar os parentes de Jaú e ia até nossa casa na fazenda, juntamente com a tia Jandira, com quem era casado. Ele falava de um jeito engraçado, com sotaque italiano. Quando via alguma coisa que ele achava errada, dizia:

— É o fim do mundo! É a *conxumaxon dox úrtimo xéculo!*
Costumava andar descalço em volta dos chiqueiros de

porcos, na esperança de conseguir que algum bicho-de-pé penetrasse em seu pé. Não voltava a São Paulo enquanto não conseguisse esse objetivo. Ele dizia que o bicho-de-pé provocava uma coceirinha gostosa. Quando descobria que tinha algum, ficava coçando o pé com cuidado para não matar o bicho. Gostava de pássaros de gaiola. Um dia ele foi até a casa de um primo nosso e ficou encantando com um pássaro preto que cantava na gaiola. Perguntou quanto ele queria pelo pássaro, mas o primo lhe disse que era um passarinho de estimação e que não estava à venda. Então ele ofereceu uma quantia razoável em dinheiro para levar a ave. O primo, vendo que ele queria levar um passarinho de qualquer jeito, ofereceu-lhe um outro, uma coleirinha. Ele aceitou e quis pagar, mas o primo lhe disse que era de graça.

— *Axeito* e *agradexo* muito pelo *páxo* preto. *Maix inton, axeite* o *dinhero* pela *colerinha*.

Não teve jeito. Acabou levando os dois, com gaiola e tudo.

Mandei uma carta para o tio Neno, relatando que havia deixado o seminário e que pretendia morar em São Paulo, para trabalhar durante o dia e estudar à noite. Em Jaú, isso não seria possível. Pedi-lhe para morar com eles por uns tempos, até conseguir emprego. Enquanto aguardava a resposta do tio Neno, fui conversar com o gerente do Banco Francês e Italiano para a América do Sul, um senhor conhecido pelos parentes, amigo dos padres do seminário e com fama de ser muito católico. Lá trabalhava um primo nosso de segundo grau. Conversei com o primo e ele levou-me para falar com o gerente. Expliquei-lhe minha situação. Não havia vagas no banco, mas ele autorizou que eu ficasse por uns dias no banco, acompanhando o trabalho do primo e aprendendo o serviço. Seria uma espécie de estágio. Depois de dois dias, chamou-me e entregou uma carta, em que me apresentava ao Diretor Superintendente do banco, em São Paulo. Deu-me o endereço no centro da capital, onde eu deveria procurá-lo, dizendo que ele me arrumaria uma vaga.

Não demorou muito e chegou a resposta do tio Neno.

Ele não pareceu muito feliz com a minha proposta de morar com eles, como eu esperava, mas disse que eu poderia ir e ficar com eles até ajeitar minha situação em São Paulo. Preparar a mala velha, que ninguém usava em casa, não foi difícil. Eu quase não tinha roupas. Um par de sapatos, poucas meias e cuecas, duas calças, duas camisas, dois pijamas, um cinto velho e uma blusa, tudo bastante usado. Completei a mala com todos os livros e cadernos que fui acumulando nos anos de seminário.

Como não havia dinheiro para a viagem, o pai pediu empréstimo à nona.

Fui a pé, sozinho, até a estação de trem de Ave Maria, carregando a mala pesada. Livros pesam. Era minha ida para São Paulo.

Cheguei à estação da Luz da capital no final da tarde, hora do "rush", sem ter almoçado ou comido qualquer coisa, a não ser o café da manhã em casa, muito frugal. Eu sabia o endereço do tio Neno e sabia que deveria tomar um ônibus para o bairro do Tatuapé. Informaram-me o local onde passava o ônibus da linha Penha-Lapa, que passava pelo bairro do Tatuapé. Quando o ônibus chegou ao ponto, estava lotado. Alguém ficou com pena de mim, vendo-me lutar para conseguir subir no coletivo carregando aquela mala pesada e prontificou-se a colocá-la dentro do ônibus pela porta da frente, instruindo-me a entrar pela porta de traz. Foi um sufoco eu conseguir chegar até minha mala, na frente. Ao passar pela catraca, certifiquei-me com o cobrador que o ônibus passava pelo Tatuapé. Fiquei olhando para fora, tentando reconhecer o local onde eu havia descido do ônibus que eu havia tomado na rodoviária no dia em que chegara de Erechim. Já era noite e parecia-me tudo diferente. Quando perguntei ao motorista se estava longe o Tatuapé, ele respondeu que já havíamos passado por lá e que estávamos próximos ao ponto final, na Penha. Diante de meu visível desespero, recomendou-me que fosse até o ponto final e voltasse com o mesmo ônibus. Ele perguntou em que parte do Tatuapé eu iria ficar. Diante da minha explicação, informou-me que o ônibus não passava por lá, mas ele me avisaria quando passasse pelo Tatuapé, de onde eu deveria tomar outra condução.

Agradeci-lhe, sem dizer que eu já estava quase sem dinheiro, uma vez que tive de pagar a passagem de novo no ponto final da Penha.

Desci no ponto indicado e procurei informar-me sobre a direção que eu deveria tomar para ir até a rua onde morava o tio Neno. Era longe, mas o jeito era ir a pé. Comecei a caminhar. O cansaço e a fome já tomavam conta de mim. Tive de parar na calçada algumas vezes e sentar-me sobre a mala para descansar. Deu vontade de procurar algum lugarzinho para passar a noite, porém, era preciso continuar, pois o tio Neno sabia que eu deveria chegar naquele dia. Se não chegasse, ele ficaria preocupado.

Fui bem recebido pelos tios, com quem moravam também o pai da tia Jandira e a esposa dele, com quem se casara após a morte da primeira. Eram dois velhinhos doces e alegres.

Enquanto a tia Jandira preparava alguma coisa para eu comer, tomei um banho reconfortante.

O sofá onde dormi, na saleta que era ao mesmo tempo cozinha e sala de estar, foi para mim como uma cama de hotel cinco estrelas.

Trinta e um

A solidão é um estado de espírito. Pode-se sentir solidão em qualquer lugar, mesmo no meio da multidão. Morar na capital é o sonho de muitas pessoas. Uma cidade grande como São Paulo oferece oportunidades variadas: trabalho, estudos, restaurantes, compras, manifestações culturais, contatos com pessoas diferentes. Para alguém como eu, tímido, sem dinheiro, sem roupas, sem documentos, sem trabalho e longe de parentes e amigos, era um desafio. O acolhimento na casa do tio Neno foi muito importante. Além disso, moravam diversos outros parentes naquela mesma rua, todos sobrinhos do tio Neno e primos da mãe: Antonio, Ângelo e João. No dia seguinte à minha chegada, a tia Jandira levou-me à casa de cada um deles. Eram todos pessoas ótimas. O João, casado com a Maria, tinha quatro filhos homens. O filho mais velho, Rubens, estava em um seminário em Minas Gerais, motivo pelo qual somente vim a conhecê-lo tempos depois. Logo fiz amizade com o Zé Carlos, que era o segundo filho. Embora fosse mais novo que eu, passamos a ser bons companheiros. Íamos à casa de outros parentes que eu não conhecia, começamos a frequentar juntos a igreja do Bom Parto, fomos a alguns bailinhos no bairro e até corremos atrás de balões.

Morar numa casa pequena, construída nos fundos do terreno, onde já moravam dois casais de pessoas idosas, fazia com que me sentisse como um invasor incômodo. Por isso, não havia tempo a perder. Eu precisava começar a trabalhar logo, ganhar algum dinheiro e ajudar minha família, além de pagar o tio Neno pela minha estadia na sua casa. Fui logo procurar o Superintendente do Banco Francês e Italiano para a América do Sul, que mais tarde se tornaria o Banco Sudameris. O banco era localizado no centro velho de São Paulo. Com as orientações dos tios, tomei um bonde que partia da Praça Silvio Romero, no bairro do Tatuapé e ia até a

Praça do Correio, no centro. Pedindo informações, localizei a Rua XV de Novembro, onde ficava o banco. A minha timidez fazia com que o ato de interpelar alguém na rua para pedir informações fosse algo muito difícil, mas que era necessário, pois eu tinha de falar com o Superintendente. Quando fui recebido na sala do diretor, eu tremia, não sei se de medo de não conseguir o emprego ou pelo estresse de falar com uma pessoa tão importante. Para minha surpresa, ele recebeu-me rapidamente, com simplicidade e atenção. Disse-lhe que eu estava chegando de Jaú, depois de ter deixado o seminário onde eu havia estudado por dez anos, e que precisava de emprego, pois era minha intenção trabalhar e estudar. Apresentei-lhe a carta escrita pelo gerente da agência de Jaú. Ele fez poucas perguntas e disse que eu poderia trabalhar no banco. Estava prestes a ser inaugurada uma agência em Guarulhos, onde seriam necessários funcionários novos. Todavia, eu deveria esperar mais alguns dias, até a data da inauguração da agência. Então eu deveria apresentar-me ao gerente e levar os documentos exigidos.

Saí da entrevista alegre e aliviado, pois já havia conseguido o meu primeiro emprego. A remuneração, que correspondia ao salário mínimo bancário da época, era cerca de trinta por cento acima do salário mínimo. Para mim, era um bom salário. Meu pai nunca havia ganhado na roça um salário assim. Porém, eu não tinha nenhum documento pessoal, a não ser a certidão de nascimento e o documento de alistamento militar. Eu teria que tirar a cédula de identidade, a carteira profissional e a certidão de reservista do exército ou documento de dispensa de incorporação. Este último era um problema, porque no seminário nós nos apresentávamos ao serviço militar da cidade antes de completar dezoito anos de idade. Enquanto estivéssemos no seminário ou sendo padres, não éramos obrigados a prestar o serviço militar. Porém, deixando o seminário, ficávamos sem o documento de reservista, que era exigido por todos os empregadores. Comecei imediatamente a correr em busca dos papéis. Para tanto, eu ia até o centro da Capital, à procura das repartições onde seriam requeridos os documentos. Para não me perder na cidade, eu tomava como referência a igreja da Sé e o viaduto do Chá. Se eu sentisse que estava perdido, procurava um desses locais para melhor me localizar. Quando estava preenchendo um documento para a emissão da cédula de identidade, o funcionário, depois de perguntar qual era o meu nome, indagou qual era o meu "vulgo". Eu não tinha a menor ideia do que fosse isso. Ele repetiu a pergunta e eu, embaraçado, respondi "estudante". Desistiu de obter a resposta e escreveu alguma coisa no papel, dizendo que o que ele queria saber era o meu "apelido". Em poucos dias, já estava de posse da cédula de identidade e da carteira profissional, sempre com a ajuda das informações dadas pelos tios ou primos e com dinheiro que a tia Jandira havia dado. Prometi a ela que, quando recebesse meu primeiro salário, eu pagaria.

O documento militar foi mais complicado. Como eu já tinha mais de vinte e um anos de idade, ao apresentar-me ao serviço militar eu seria considerado um "retardatário". Era possível que me fizessem servir o exército nessa condição. É claro que isso não seria nada bom, pois dessa forma eu não poderia ser contratado pelo banco e teria sérias dificuldades para conseguir qualquer outro emprego. Resolvi então que me apresentaria à unidade do exército em Itu, que seria o local onde eu prestaria o serviço militar se continuasse morando em São Manuel e não estivesse mais no seminário. Assim, viajei até essa cidade e lá chegando, bem cedo, fui recebido por um sargento. Passei por uma longa entrevista, que acabou virando um agradável "bate-papo". Acho que o sargento não tinha muita coisa a fazer e ficou contando suas ideias a respeito de um livro interessante chamado "1974". Ao final da entrevista, disse-me que eu tinha sido considerado "apto" a servir o exército e que isso seria interessante até para eles, pois eu seria um recruta mais instruído que os demais. Fiquei apavorado. Disse-lhe:

— Eu não posso servir o exército agora!
— Por quê?
— Porque eu deixei o seminário para ajudar a minha família, que está passando por sérias dificuldades financeiras. Se eu soubesse que teria de servir o exército – menti - não teria saído do seminário.

Não sei se ele acreditou em mim. Senti-me desconfortável por mentir, mas era necessário.

— Embora você tenha sido considerado "apto" e tenha se apresentado tardiamente, é possível que seja dispensado do serviço militar se já estiver preenchido o número suficiente de recrutas. Nesse caso, você poderá ser considerado "dispensado do serviço militar". Volte aqui depois de dez dias, para saber o resultado.

Deixei o local meio zonzo, mas ao chegar em São Paulo fui confortado pelos tios, dizendo que eu sem dúvida seria dispensado. A essa altura do ano e com a idade que eu tinha, seria enquadrado como "dispensado por excesso de contingente".

Foi isso o que aconteceu e eu finalmente pude levar ao banco os documentos pessoais necessários para a contratação. Conversei com o funcionário que seria o gerente da agência em Guarulhos, passei pelo exame médico e fui instruído a apresentar-me na agência nova no dia marcado para a inauguração.

Enquanto isso, eu procurava ajudar a tia Jandira no que fosse possível, como lavar o banheiro e limpar a caixa d'água, que ficava debaixo do telhado e onde somente uma pessoa jovem e pequena como eu poderia chegar.

Um dia a tia Jandira deu-me uma camisa social e uma gravata, dizendo que eu iria precisar disso no trabalho. Levou-me até a casa da tia Maria, que também me deu uma camisa social. Agradeci constrangido, sem dizer o famoso "não precisava se incomodar", pois era inegável que eu precisaria de roupas adequadas para o trabalho no banco.

Alguns dias antes da data da inauguração da agência, fui informado que a data havia sido prorrogada, devido a problemas com as instalações do prédio onde funcionaria. Comecei a sentir-me como um desempregado. Dias depois, quando fui comunicado sobre novo adiamento da inauguração, em razão de problemas estruturais no prédio da agência, comecei a procurar outro emprego. O tio Neno, vendo meu desconforto com a falta de trabalho, levou-me até uma pequena empresa conhecida para pedir emprego. Não era fácil contratar alguém que não tinha qualquer experiência de trabalho, a não ser na roça. Fiquei um tanto deprimido. Olhando para os lixeiros que passavam na rua fazendo a coleta do lixo, não pude evitar de sentir inveja deles. Era um emprego ruim, mas era emprego e eu não tinha conseguido nenhum.

Finalmente, depois de mais de dois meses de minha chegada em São Paulo, pude apresentar-me no banco em Guarulhos e sentir que estava empregado.

Trinta e dois

A carta do Toninho dava conta de que em casa estavam felizes com o fato de eu estar bem em São Paulo e já estar trabalhando no banco. Estava tudo bem, a não ser ó pai, que já não tinha saúde suficiente para trabalhar na roça. Como a nona havia falecido, deixou uma pequena herança a ser repartida e com o dinheiro era possível pensar em comprar um *terreninho* em Jaú, ou pelo menos dar uma entrada. Era hora de pensar seriamente em mudar para a cidade.

Respondi que a mudança para Jaú era a coisa certa a ser feita. Se o Toninho conseguisse um emprego na cidade seria ótimo. O pai não precisaria mais trabalhar na roça. Haveria de achar alguma coisa a fazer na cidade. De qualquer forma, eu ajudaria. Mesmo que o Toninho não conseguisse emprego em Jaú, poderiam mudar-se e ele continuaria na roça até arrumar algum emprego, como já era feito por muitas pessoas da cidade.

Meus primeiros dias de trabalho no banco não foram fáceis. O serviço não apresentava grandes dificuldades, pois eu estava encarregado de fazer os serviços de menor responsabilidade, tais como cuidar de arquivos e ajudar outro funcionário que fazia a compensação de cheques. Quando havia tempo, ajudava no atendimento aos clientes no balcão. Nessas condições, fui aprendendo essas funções, até o dia em que me avisaram que eu passaria a fazer sozinho os serviços de compensação.

Naquela época os cheques de outros bancos eram levados pessoalmente à câmara de compensação, que funcionava no Banco do Brasil, onde eram feitas as trocas: recebíamos os cheques sacados contra o nosso banco e entregávamos os que eram dos outros bancos. Quase sempre eu tinha que passar por alguma agência de outros bancos para sacar pessoalmente alguns cheques e levar o dinheiro em espécie. Tudo isso era feito sem carro forte e sem qualquer esquema de proteção, carregando tudo numa pasta preta. Quem nos via andando pela cidade, fazendo sempre o mesmo trajeto, de terno e pasta preta, sabia o que estávamos fazendo.

Certo dia, quando eu já fazia sozinho esse trabalho, fui abordado na calçada por um senhor, dizendo viera do Paraná, havia sido assaltado e lhe haviam roubado os documentos e todo o dinheiro que possuía. Imaginei que ele iria pedir algum dinheiro, mas ele queria apenas que eu o ajudasse a chegar a determinado hospital que ficava fora do centro da cidade. Indiquei-lhe o local onde ficava o hospital, que seria muito fácil de achar.

Recomendei-lhe que fosse até a delegacia de polícia, que ficava próxima, para fazer a ocorrência do assalto. Ele respondeu que não adiantaria nada a ocorrência. Queria apenas que eu o acompanhasse até o hospital. Eu, que já estava desconfiado, notei que um outro moço andava pela calçada do outro lado da rua, observando o que se passava. Tive a certeza de que eu estava para ser assaltado. Na pasta, em minhas mãos, havia cheques e dinheiro. Como o local era movimentado, haveriam de levar-me para um local ermo, onde praticariam o assalto.

Senti que seria arriscada qualquer atitude de fuga de minha parte. Fiz de conta que concordei que iria acompanhá-lo até o hospital. Quando começamos a caminhar pela calçada cheia de pessoas, notei que o moço que estava do outro lado da rua também nos acompanhava. Ao chegar à esquina mais movimentada, disse de repente:

— É só seguir em frente!

Virei repentinamente e andei muito rápido pelo meio dos transeuntes, até o banco, torcendo para que eles não me seguissem.

Ao chegar ao banco, relatei o ocorrido ao gerente e ao contador, dizendo que não convinha andar sozinho pela rua com valores, ao que me retrucaram que tudo ia continuar como era e que eu não devia me preocupar.

O maior problema não estava no trabalho em si. Eu começava a conviver com outras pessoas que não tinham a mesma formação que eu e que nunca frequentaram seminário algum. A conversa deles continha palavrões, piadas, gestos e atitudes que para mim eram escândalos. Eu procurava convencer-me de que aquilo tudo era normal e devia me acostumar a isso. Ficava em dúvida se convinha recriminá-los ou fazer de conta que tudo era normal. Como eu era tímido, acabava por não fazer nada.

Fui designado para trabalhar dois dias em outra agência, em São Caetano do Sul, o que serviria de estágio, visto que aquela era uma agência de grande movimento, ao contrário da nossa, que era nova. Fui acompanhado de outro funcionário mais antigo. No primeiro dia, tomei uma sonora bronca do gerente, devido ao fato de eu estar apoiado com os cotovelos no balcão, enquanto aguardava clientes a serem atendidos.

— Isso não é postura de funcionário de banco. Parece caipira! Tira esses cotovelos do balcão, seu relaxado!...

Todos os funcionários ficaram em silêncio e eu também. Meu colega de balcão falou baixinho para mim, sem me olhar:

— Não precisava fazer esse escândalo. Falar desse jeito na frente de todo mundo também é falta de educação.

Fiquei com medo de que isso fosse motivo para eu ser mandado embora do banco, mas felizmente nada aconteceu. Serviu a lição.

Meu primeiro pagamento foi como que um troféu muito valioso. Eu já tinha mais de vinte e um anos de idade. Recebi-o em dinheiro, num envelope branco. Era pouco mais do que um salário mínimo da época, mas para mim serviria para saldar uma série de compromissos que eu devia pagar. Quando cheguei à casa da tia Jandira, tirei o envelope do bolso e, feliz da vida, mostrei a todos eles, tia Jandira, tio Neno, Seu Carlo e Dona Ema, o que eu havia conseguido. Fiz menção de pagar à tia Jandira pela camisa e gravata que me havia dado e um valor referente à pensão que me davam. Ela categoricamente recusou-se a receber qualquer quantia, dizendo que eu precisava ajudar minha família. Olhei para o tio Neno, que disse enfaticamente.

— *Noi num prexijamo di rexebê* nada. *Voxê prexija aiudá xeus pai, qui xon pobre. I* pode *ficá* aqui *cum nói* o tempo que *prexijá!*

— Então eu quero pagar pelo menos as roupas que ganhei.

— Não! – retrucou a tia Jandira. Aquilo foi um presente. A tia Maria também deu a camisa de presente e foi de coração. Presente não se paga.

Trinta e três

Uma tarde, quando aguardava o trem na estação ferroviária de Jaú, para minha primeira visita à família depois de ter partido para São Paulo, reparei numa jovem que também aguardava o trem, em companhia de uma colega. Era muito bonita. Tinha longos cabelos pretos que lhe cobriam uma parte do tosto. Não pude evitar de olhar para ela. Afinal de contas, eu já não era seminarista e podia enfim olhar para as moças. Ela ajeitou graciosamente os cabelos e me olhou. Minha timidez fez com que eu desviasse o olhar, mas em seguida voltei a olhar para ela, que permaneceu no local em que estava, a uma distância de pelo menos uns dez metros. Dessa vez mantive os olhos nela por alguns instantes. Caminhei um pouco em sentido contrário e quando voltei vi que ela ainda me fitava. Então sorri timidamente e ela também sorriu, mas o trem já estava chegando. Fiquei feliz quando notei que ela também subiu no trem. O vagão estava cheio, mas era possível ainda nos olharmos, pois ambos ficamos em pé. Desci na próxima estação, no bairro da Ave Maria e fiquei torcendo para que ela também descesse, porém ela continuou. Fiquei com raiva de mim mesmo por não ter tido coragem de abordá-la.

À noite, fui a Potunduva, juntamente com o pai e alguns de meus irmãos, onde haveria uma celebração religiosa. Ao entrarmos na igreja aconteceu algo totalmente imprevisto. Lá estava ela. Não havia dúvida. Era ela mesma. Bonita, com outra roupa e com os cabelos cobrindo a metade do rosto. Ela me viu e sorriu. Meu coração disparou, mas fiquei no banco onde eu já estava. Não consegui prestar atenção a nada durante a missa, pensando em como iria abordá-la na saída. Comentei baixinho com o Toninho que a moça que eu conhecera na estação do trem estava lá. Quando apontei discretamente onde ela estava, ele disse que achava que era a filha do Silvério, dono de uma venda na vila.

— Vai *conversá* com ela na saída?

— É. Acho que vou sim.

Saí da igreja sem perdê-la de vista, notando que parou perto da porta, conversando com uma amiga. Criei coragem. Aproximei-me e falei:

— Oi! Acho que a gente já se viu hoje na estação de Jaú...
— Oi! Acho que sim. Que coincidência, não?

A amiga dela pediu licença e retirou-se, deixando-nos a sós.

— Eu nem sei o seu nome.
— Lurdinha.
— Prazer.

Eu estava tão encabulado, que não sabia mais o que fazer. Ela tomou a iniciativa e sugeriu que caminhássemos pelo jardim da igreja. Foi um encontro de poucos minutos, durante o qual eu não tinha coragem de olhá-la de frente, muito menos de pegar em sua mão. Foi o suficiente, porém, para saber que estávamos interessados um no outro e marcarmos o próximo encontro para o dia seguinte, no mesmo local onde estávamos. Sem dúvida nenhuma, eu já estava apaixonado.

Havia dito para a Lurdinha que estava morando em São Paulo, mas que gostaria de escrever-lhe uma carta. Ela me fez prometer que escreveria logo e que quando viesse novamente, iríamos nos encontrar, pois ela havia gostado muito de mim.

De fato, logo que voltei a São Paulo, escrevi a ela uma longa e apaixonada carta. Respondeu-me rapidamente, jurando saudades e mostrando preocupação com o fato de eu estar na capital, onde havia muitas mulheres. Mandei-lhe nova carta, dizendo que para mim havia apenas uma e que fazia com que meu coração disparasse e sofresse por estar longe.

Assim que possível, aproveitei um feriado prolongado e fui novamente a Jaú, levar dinheiro e encontrar a moça que tomara conta dos meus pensamentos. Quando cheguei em casa, alguém mencionou que a Lurdinha não era moça "dereita". Havia comentários sobre o comportamento dela. Ela havia sido eleita "miss" na vila e era conhecida por muita gente. Fiquei muito preocupado, pois em casa todos sabiam o quanto eu gostava dela e eles, sem dúvida, estavam interessados em minha felicidade. O pai, vendo meu estado de dúvida e incredulidade, tomou meu partido, dizendo que as conversas eram de gente invejosa. Como eu era um rapaz estudado e morava em São Paulo, essas pessoas queriam estragar o namoro. Fui à noite, sozinho e de bicicleta, até a vila, para encontrá-la. Não tocamos no assunto das "conversas" e voltei para casa, na noite escura, passando com muito medo em frente ao cemitério da vila, pedalando rapidamente. No retorno a São Paulo, procurei tranquilizar-me, certo de que as conversas não passavam de fofocas de gente invejosa. As duas moças que haviam plantado mudinhas de flor perto da tina de lavar roupa e onde lavávamos os pés ainda não haviam desistido de mim.

Eu continuava apaixonado e escrevendo cartas de amor. Quando da próxima ida a Jaú, após despedir-me da Lurdinha na praça da igreja, fui abordado por alguns rapazes que eu não conhecia e que estavam interessados em saber se eu já havia transado com ela. Fiquei indignado e preocupado, mas respondi polidamente que não. Afinal de contas eu nem sequer a havia beijado e mal havia pegado na mão da moça. Não houve qualquer insinuação por parte dela. Parecia inveja mesmo, porém fiquei com a pulga atrás da orelha...

A troca de cartas posterior a esse encontro era suficiente para mim para acreditar na pureza daquele amor.

O trabalho no banco ia bem, mas eu tinha que procurar fazer uma faculdade e melhorar de vida. Meu desejo era ser escritor ou coisa que o valha e interessava-me também tornar-me professor. Inscrevi-me para o exame vestibular de Pedagogia, na Universidade de São Paulo. Havia uma prova escrita, eliminatória. Eu não havia estudado nada para o vestibular, mas acreditava que meus conhecimentos adquiridos no seminário seriam suficientes. Minha melhor prova era de Português. Ao terminar a redação, inadvertidamente assinei a folha, antes de entregá-la, como costumava fazer no seminário. Somente depois de ter tomado o ônibus de volta para casa tomei conhecimento de que minha prova seria anulada, pois ela estava identificada. Evidentemente, não passei. Com isso, ficou frustrada minha primeira iniciativa de entrar numa faculdade. Interessei-me então em ingressar na escola de cadetes da aeronáutica. Para isso, era preciso morar em Guaratinguetá. Minha estatura estava no limite mínimo exigido. O maior problema era o soldo que, durante os estudos, não seria suficiente para meus gastos pessoais e para ajudar minha família. Por isso, desisti da ideia e comecei a pensar em prestar novo vestibular no início do próximo ano. Possivelmente Letras ou Direito, na USP, porque era a melhor universidade e era gratuita. Afinal de contas, um dos meus desejos era dedicar-me à carreira jurídica, possivelmente como juiz, pois que, para ser advogado, minha timidez seria um entrave.

Trinta e quatro

uase um ano depois de minha mudança para São Paulo, prestei concurso para ingresso no Banco do Estado da Guanabara - BEG, um banco estatal que pagava bem e onde havia possibilidade de fazer carreira. O Luizinho apareceu na casa do tio Neno, dizendo que também havia deixado o seminário. Ele também gostaria de morar com ele ou com a tia Maria, a mãe do Rubens, do Zé Carlos, do Marcos e do Roberto. Foi morar com a tia Maria, cuja casa ficava na mesma rua. A casa não era grande. Grande era o coração das pessoas que ali moravam. Ele dormia no mesmo quarto que dormiam o Zé Carlos, o Marcos e o Roberto. A tia Maria fazia todo o serviço de casa e ainda ajudava os padres holandeses que administravam a igreja do Bom Parto e outra igreja no Tatuapé. Ela lavava as roupas de um dos padres e frequentemente lhe servia refeições.

Passei no concurso e comecei a trabalhar no centro da cidade. O Luizinho arrumou emprego no sindicato dos bancários, também no centro da cidade. A essa altura eu já pensava em deixar a casa do tio Neno, embora não tivesse havido qualquer insinuação de que minha presença incomodasse. Afinal de contas, eles se recusavam a receber qualquer quantia a título de pensão ou ajuda nas despesas domésticas. Por isso, foi providencial a ideia do Luizinho de nos mudarmos para uma pensão no centro da cidade. Faríamos companhia um para o outro e estaríamos próximos do local de trabalho. Fomos morar numa pensão na Rua Asdrúbal no Nascimento, no centro, perto da Praça da Bandeira, onde dividíamos um quarto em três pessoas. A pensão era boa e a proprietária, Dona Lourdes, bem como seu marido, que era açougueiro, eram muito atenciosos.

Inscrevi-me num curso semi-intensivo, preparatório para o vestibular de Direito, pois havia decidido ingressar na faculdade da USP, no Largo de São Francisco. Decidi também prestar vestibular para Letras Clássicas, também na USP, que ficava na Rua Maria

Antonia, em frente ao Mackenzie. O Luizinho havia decidido fazer Filosofia, também na USP. Além de a USP ser gratuita, era a melhor universidade. Minha decisão era: ou USP ou nada. Durante esse período de trabalho e muito estudo, tínhamos que economizar dinheiro. Aos domingos não havia janta na pensão, de tal forma que procurávamos comer alguma coisa que não fosse cara. Uma noite fomos a uma padaria nas imediações e resolvemos comer umas broas, que tinham boa aparência, eram grandes e baratas. Nós dois passamos mal à noite. O Luizinho teve dores de cabeça muito fortes e eu fiquei com o estômago totalmente desarranjado. A partir de então, fiquei muitos anos sem comer broa.

Tudo corria normalmente quando recebi uma carta de casa, com uma notícia que me deixou totalmente frustrado. A Lurdinha havia "fugido" com um rapaz, que trabalhava num circo. Não havia dúvidas. Ela havia saído de casa com o rapaz. A família dela, muito chateada, havia confirmado a notícia para o pai. Fiquei sem dormir a noite toda. No dia seguinte, escrevi-lhe uma carta, endereçada à casa da mãe dela, pedindo que confirmasse a veracidade da notícia. Não a recriminei. Disse-lhe que eu também era culpado, se o fato fosse verdadeiro, por morar longe e não lhe dar atenção suficiente, preocupando-me com minha carreira e estudos. Deixei transparecer um pouco de minha enorme tristeza. Quando eu fosse para Jaú, eu iria procurar a mãe dela, para entregar os presentes que havia ganhado dela. De minha parte, não precisava devolver-me nada.

A resposta à carta demorou a chegar. Ela confirmava a notícia e dizia já estar arrependida, mas compreenderia se eu não quisesse mais saber dela.

Eu sabia que tinha uma enorme capacidade de amar. Não sabia, porém, que uma frustração de amor pudesse me causar tão profunda e prolongada tristeza. Fiquei cerca de três anos sem vontade de aproximar-me de qualquer moça, tentando esquecer minha frustração. Restava-me a dedicação aos estudos, ao trabalho e escrever poesias quando tinha tempo. A poesia era um conforto, embora fossem sempre tristes. O Luizinho tentava consolar-me, mas sabia que não era fácil.

Pouco tempo depois da notícia de que a Lurdinha havia fugido com um funcionário de circo, escrevi para a mãe dela, dizendo que eu gostaria de ir pessoalmente à casa dela, da mãe, para devolver os presentes que eu havia ganhado da filha. No fundo, eu ainda tentava iludir-me, achando que tudo era mentira ou mal entendido e que um retorno seria possível, embora eu jurasse para mim mesmo que jamais haveria de mendigar amor. Fui à casa dos meus pais e à noite fui a Potunduva. Passei pelo circo, que estava instalado nas proximidades do cemitério. Não a vi. Alguém mostrou-me uma rapaz, dizendo que era com ele que ela havia fugido. No início haviam dito que ele era o dono do circo, mas depois se apurou que não passava de um empregado. Não me detive ali. Fui até à casa da mãe dela, que me recebeu com inesperado carinho e chateada com a atitude da filha. Lamentou a besteira que a Lurdinha havia feito, sendo eu um moço tão bom. Informou-me que a filha já havia brigado muitas vezes com o rapaz com quem havia fugido, dando a entender que estava arrependida. Não lhe dei oportunidade de dizer que torcia para a volta do namoro. Disse-lhe que minhas intenções com ela haviam sido as melhores possíveis, mesmo morando em São Paulo, mas que eu considerava o assunto encerrado. Entreguei-lhe algumas poucas coisas com que ela havia me presenteado, desejando boa sorte. Saí de lá, quase que apressadamente e com um sentimento que era misto de alívio e tristeza. Fiquei sabendo depois que ela chegou correndo logo em seguida à casa da mãe, disposta a conversar comigo e tentar reatar o namoro, e que logo depois chegou também o rapaz. Por sorte, eu já não estava lá, porque não tinha a menor vontade de conversar com ela e muito menos com o "marido" dela.

Durante seis meses, enquanto morava na pensão, preparei-me para o vestibular da faculdade de Direito. Naquela época, os vestibulares eram específicos para cada faculdade. O curso preparatório era ministrado por ex-alunos da Faculdade de Direito do Largo de São Francisco, sendo as aulas dadas na Rua Riachuelo, atrás do prédio da faculdade. Eu era considerado um bom aluno. Os conhecimentos de latim eram meu ponto forte e uma esperança de eu ser aprovado no vestibular, pois uma das matérias do vestibular era o latim.

Minha vida consistia em trabalhar no banco, ir ao cursinho, estudar e fazer poesias quando conseguia tempo. Era a forma com que enfrentava a dor de cotovelo e a solidão.

As poesias eram do seguinte tipo:

"Deixa-me viver – digo à saudade
Nas horas de sozismo.
Por que todo este abismo?
Por que esta inverdade
De amar alguém que não existe?"

Ou então:

"Por culpa tua,
Demora o sol amarelento
A surgir
Na noite de vigília pesada.
Por culpa tua,
Pisa-me n'alma esta multidão maquinal
De seres humanos
Que me envolve
E em que me perco.
Empurra-me para cima o solo duro
E o infinito, pesado de vazios,
Me empurra contra o chão.
Por culpa tua,
Meus sentimentos coagulam
Quando vejo moças lindas
Como tu,
Cabelos como os teus,
Olhos como os teus,
Sorriso como o teu,
Coração como o teu,
Que atrai, prende

Depois vai e deixa-me preso.
Por culpa tua,
Sinto fogo em mim,
Um fogo frio
Que vai subindo...
E morre líquido nos olhos..."

Quando chegou o dia da primeira fase do vestibular, eu achava que estava preparado. Fui bem na redação, mas a prova de latim quase me derrubou. Eu estava preparado para fazer traduções, até de Cícero ou Ovídio, ou interpretação de texto. Mas o que caiu na prova eram coisas básicas, como declinações, tempos verbais ou outras noções elementares de gramática, de que não me lembrava de cor. Mesmo assim, consegui passar. Na segunda fase, encontrei dificuldades em determinadas matérias, o que, aliado ao fato de que quase fiquei reprovado em latim, deixou-me bastante nervoso. Quando saíram os resultados, fui até à faculdade, onde estavam afixadas as listas dos aprovados. Acotovelando-me entre os estudantes que ansiosamente liam a lista, consegui ler o meu nome. Estava aprovado. Finalmente, senti uma grande alegria, a alegria da vitória, do resultado obtido com tanto esforço e sofrimento. Não consegui disfarçar o contentamento, de tal forma que, quando alguns veteranos se aperceberam do fato de que eu havia passado e, ávidos em passar o "trote", me perguntaram se eu havia passado, confirmei alegremente. O "trote" começou de imediato. Queriam levar-me para a rua para pedir esmolas e outras coisas típicas de trotes estudantis. Eu, porém, que não esperava ser vítima de trote naquele dia e tinha que voltar correndo para trabalhar, recusei-me a acompanhá-los. Começou então uma chuva de ovos em minha cabeça e nas costas, juntamente com farinha de trigo jogada aos punhados em mim. Eu estava de terno e gravata. Saí apressadamente, sujando com respingos de ovos o chão por onde passava. Não fiquei com raiva. Estava alegre. Fui a pé até a pensão, tomei um banho, mudei de roupa e fui trabalhar.

Poucos dias depois saíram os resultados da prova feita na

Faculdade de Filosofia, Ciências e Letras, da USP, onde me inscrevera para o curso de Letras Clássicas. Passei também. Outra alegria. Eu havia passado nas duas faculdades que havia escolhido e que eram consideradas as melhores do país, nas matérias escolhidas. Fiz a inscrição nas duas, embora sabendo que seria impossível cursar ambas e trabalhar ao mesmo tempo. Todavia, minha opção pelo Direito já estava clara, de tal modo que não frequentei a faculdade de filosofia.

O início das aulas foi um recomeço na minha vida. Meu "trote" foi divertido. Rasparam-me parcialmente a cabeça, fazendo nela caminhos cruzados com máquina zero, vestiram-me com o paletó no avesso, descalço, as pernas da calça arregaçadas e todo pintado. Tive de fazer declarações de amor, de joelhos, para moças que passavam pela rua, na frente da faculdade e depois levaram-me para um pastelaria, onde pediram alguns refrigerantes e outros alimentos, dizendo que eu pagaria a conta. Retruquei que não tinha dinheiro, então conduziram-me puxado pela gravata no pescoço para pedir contribuições nas esquinas mais movimentadas das avenidas. Fizeram-me entrar em um "drive-in" e abordar casais dentro de carros.

Eu tinha aulas com professores famosos, mesmo sendo noturno o curso. Os catedráticos davam aulas pela manhã. De qualquer forma, as aulas eram chatas, ministradas no estilo dos "lentes". Os professores sentavam-se à mesa colocada á frente da sala sobre um supedâneo e despejavam definições, conceitos, classificações, teorias e citações latinas, sem qualquer preocupação com as mínimas noções de didática ou com a absorção dos conhecimentos pelos alunos. Às vezes, durante as aulas, para aproveitar o tempo, eu rabiscava poesia:

"Na classe, à nossa frente,
Existe um quadro indiferente.
Lá, fora, intermitente,
Cai a chuva mansamente...
Nos olhos dela eu vejo a classe,
Eu vejo o quadro,
Eu vejo a chuva, eu vejo o prado,

Confissões de um seminarista apaixonado

Eu vejo o mar, eu vejo o rio,
Mas ela... nem sequer me viu!"
"Ela se foi...
Preciso agora apagar este sorriso que me resta ainda nos lábios.
Ela foi sorrindo
E eu fiquei chorando, com este sorriso pregado no semblante.
Por que ficar assim, sorrindo estupidamente enquanto choro?
Prorrogo, por acaso, a sensação de companhia?
Detenho, por acaso, a chegada da tristeza?
Para que conservar, pairando no meu vácuo, este sorriso?
Não!
Quero sorrir! Quero sorrir!
Se o sorriso vem de dentro
E dentro eu tenho dor,
Quero sorrir o sorriso que vem dela,
Porque eu não sou eu, eu sou ela.
E assim, a espalhar sorrisos que emergem dela
Quero ficar sorrindo...sorrindo,
Bestamente."

Trinta e cinco

om a morte da nona, aquela que fazia café fraco e deixava os bolinhos de chuva meio crus, porque o Mauro gostava da massa que ficava dentro, meus pais tinham uma pequena herança a receber. Era pouco, mas o pai, sentindo que o trabalho da roça já era duro demais para ele e, pensando no futuro dos filhos, especialmente do Toninho, que sentia o peso de ser o esteio da família, começou a procurar algum terreno em Jaú, onde fosse possível construir uma casinha. O tio Luiz disse-lhe que tinha um terreno próximo ao cemitério. O preço era o dobro do dinheiro recebido de herança. Mas, como éramos parentes, ele poderia receber a metade, sendo que o restante seria pago aos poucos, à medida que fosse possível. Era a oportunidade de criar um vínculo com a cidade. Futuramente, após pagar o restante do preço, poderia ser construída uma casa. O tio Luiz era pedreiro e ele mesmo poderia construir a moradia. O fato de o terreno confrontar com o cemitério não serviu de motivo para atrapalhar o negócio. A mãe, com seu jeito prático de enfrentar a vida, disse:

— Morto não incomoda ninguém. Só os *vivo* é que *atrapaia*.

Fechado o negócio, era preciso aguardar que a documentação ficasse pronta para a escritura. A demora começou a preocupar. O pai foi conversar com o tio Luiz, que acabou por confirmar as conversas que haviam surgido, de que ele havia perdido uma questão relativa ao terreno, o qual não estava legalizado. Mas, aquilo não deveria ser motivo de preocupação, porque ele haveria de arrumar outro terreno.

O tempo ia passando. A ideia de mudar para a cidade foi ganhando corpo. O Toninho começou a procurar emprego na cidade. Porém, se conseguisse, onde a família iria morar? O dinheiro da herança já havia sido entregue ao tio Luiz. Procurado mais uma vez pelo pai, o tio Luiz propôs vender-lhe uma de suas casas de tábuas construídas nos fundos do terreno onde estava construída a casa onde ele morava. Assim, teríamos uma casa já pronta para morar. Era algo que merecia ser levado em conta. Contudo, a casa não tinha planta, nem alvará de construção e nem estava demarcado o respectivo terreno. Era uma construção de madeira feita no terreno dele. Isso não era seguro, especialmente depois do que havia acontecido com o terreno comprado anteriormente.

O Toninho já havia procurado emprego na Santa Casa de Misericórdia de Jaú, onde trabalhava o tio Zé, marido da tia Olívia, irmã da mãe, e onde trabalhava também a nossa prima Cecilia, que havia estudado no convento juntamente com a nossa irmã Cecilia. Nessa ocasião, a madre superiora disse ao Toninho que naquele momento não havia vaga, mas que mandaria avisar assim que surgisse alguma. De fato, pouco tempo depois, a prima Cecilia mandou avisar o Toninho que havia surgido uma vaga de auxiliar de enfermagem no centro cirúrgico. A chefe do centro cirúrgico era a tia Tereza, que era freira e que adotava o nome religioso de Irmã Rosentina. O Toninho apresentou-se cheio de timidez e de coragem. A tia Tereza, a quem muito admirávamos desde os tempos em que eu e o Mauro começamos a pensar em estudar no seminário, mesmo com o provável constrangimento perante os demais empregados com o fato de admitir um empregado "caipira", deu todo o apoio para que o Toninho fosse admitido. Foi contratado. Pela primeira vez na vida o Toninho tinha um trabalho registrado em carteira. Devia começar a trabalhar imediatamente. O Toninho correu até a casa da Laura, que já morava na cidade e pediu-lhe para ficar hospedado na casa dela enquanto a família não mudasse para Jaú. Alegremente, ela concordou.

Agora um pouco mais aliviado, o pai intensificou a busca por uma casa na cidade. Ficou sabendo que o Diogo, que era casado com nossa prima Nair, filha do tio Silvio, que era casado com a outra tia Tereza, tinha uma pequena casa de três cômodos num terreno de 5 x 25 metros, próximo ao cemitério. Nos fundos havia uma edícula velha, onde seria possível improvisar dois dormitórios. O negócio foi fechado. Finalmente, a família

Confissões de um seminarista apaixonado

mudou-se para a cidade, com duas grandes preocupações: pagar as prestações mensais da casa e o desemprego do pai, que já não aguentava mais o trabalho da roça.

Quando fiquei sabendo da mudança para Jaú, apressei-me em viajar, de trem, para tranquilizar a família, levando algum dinheiro e dizendo que não se preocupassem com as prestações da casa, pois eu estava ganhando dinheiro suficiente em São Paulo e haveria de ajudar. Disse ao pai que ele não deveria se desgastar em arrumar trabalho, pois ele já havia lutado muito na vida e já podia descansar um pouco. Naquela época eu não fazia ideia de como seria difícil para ele não ter uma ocupação, vendo os filhos lutando pela vida. Recomendei-lhe que procurasse amigos com quem pudesse jogar bocha e, ante a insistência em que deveria ter alguma atividade para ajudar a família, mencionei que ele poderia vender alguma coisa pela cidade, como pipoca ou sorvete. Seria uma atividade menos pesada do que o serviço de roça, que poderia ser feita nos horários que ele quisesse. Ele demonstrava insatisfação com o fato de não estar fazendo nada para contribuir com a manutenção da família e também com o fato de os filhos maiores dormirem no quartinho dos fundos, uma construção bastante precária, totalmente separada da casa, onde não havia banheiro e nem pia para lavar o rosto.

Em visitas posteriores, fiquei sabendo que ele havia começado a percorrer a cidade com um carrinho de mão, vendendo picolés. O problema é que ele tinha um coração muito grande. Quando alguma criança se aproximava e pedia que lhe desse um sorvete, mesmo não tendo dinheiro para pagar, ele o "dava". Isso fazia com que a atividade não fosse lucrativa.

Havia a possibilidade de morar no campus da USP, na Cidade Universitária. Era longe do centro, onde eu trabalhava, mas era gratuito. Conversei com o Luizinho sobre isso. Ele disse que eu devia aproveitar a oportunidade, pois ele iria morar num apartamento alugado por um colega de seminário, que também havia desistido do seminário. Fui de ônibus até à Cidade Universitária, num domingo de manhã. Mostraram-me o apartamento onde eu iria morar, juntamente com alguns colegas que eu não sabia quem seriam. O apartamento era agradável e claro. A única coisa que estranhei foi que os chuveiros não ficavam em recintos fechados, ou seja, seria preciso tomar banho à vista dos colegas. Isso me assustou um pouco, mas achei que já era hora de ir me acostumando com essas coisas, que para os outros parecia normal. Antes de voltar para a pensão, fui convidado por alguns colegas da São Francisco que por acaso estavam lá para almoçar com eles no refeitório do campus, chamado de "bandejão". Achei que a comida era boa, embora meus colegas me informassem que estava sendo preparado um movimento estudantil para reivindicar melhoria na qualidade das refeições e abaixar o preço. O preço era baixo, quase simbólico. Ao externar minha estranheza com relação ao preço, disseram-me que o certo seria não cobrar nada pela comida. Terminado o almoço, ao despedir-me dos colegas, insistiram para que eu ficasse com eles mais um pouco, pois logo em seguida eles também voltariam para o centro da cidade, de carro. Estavam oferecendo carona. Eles iriam até a rua Riachuelo, onde ficava a sede do Centro Acadêmico XI de Agosto. Como era perto da pensão, resolvi esperar e economizar o dinheiro da passagem de ônibus.

Naquele ano ganhava importância o movimento estudantil iniciado na França, que visava a reforma do ensino universitário. Eu não tinha a menor dúvida de que o movimento era legítimo, pois as aulas de Direito eram ministradas de forma totalmente inadequada, sem a menor importância com a didática. As aulas de Direito Romano, por exemplo, eram um desastre. Tínhamos que decorar definições em latim e infindas classificações e sub-classificações, ramos e sub-ramos, teorias e sub-teorias. Indagava-me para que serviria aquilo tudo, ainda mais em latim. Já nem a missa era mais rezada em latim. As provas eram semestrais. Ninguém conseguia tirar notas boas nas provas, mesmo que colasse do livro adotado pelo professor as definições solicitadas. Na primeira prova de Direito Romano, tirei nota três. A média das notas da classe não passava de dois e meio. Isso era de fato um problema, porque a soma da nota da prova do primeiro semestre com a do segundo, dividida por dois, não poderia ser inferior a cinco. Eu teria que tirar no mínimo sete no segundo semestre para não ficar "de segunda

Confissões de um seminarista apaixonado

época", tendo que cursar novamente aquela matéria e prestar novas provas. Não havia a quem reclamar, pois vivíamos em plena ditadura militar, após o "golpe de 1964". Quando chegamos à Rua Riachuelo, em frente à entrada do Centro Acadêmico XI de Agosto, havia uma agitação estranha. Fui empurrado para dentro do Centro Acadêmico, com a recomendação de que ficasse em silêncio. À porta estava um moço de compleição forte, com uma metralhadora nas mãos. Quem por ali passava não podia mais sair. Ao entrar, vi uns alunos fazendo um buraco na parede com picaretas. A parede dividia as dependências do Centro Acadêmico com as da faculdade. Era uma parede dupla feita de tijolos grandes. Fui conduzido, meio atônito, para uma sala, onde estavam sendo montados grupos de alunos, que deveriam discutir temas relacionados à reforma de ensino. Só então me dei conta de que os grupos de estudos não precisariam ser montados naquele local, com invasão do prédio da faculdade, num domingo à tarde, quando tudo estava fechado. Os grupos de estudos eram mero pretexto para a invasão da faculdade. Quando o buraco na parece permitiu a passagem de pessoas, imediatamente começaram a passar por ele grupos de alunos com mochilas, preparados para acamparem no interior da faculdade. Fiquei ali por uns instantes, ainda abobado, achando que havia sido ludibriado. Decidi que, mesmo sendo favorável a manifestações para a reforma do ensino, não faria parte daquilo. Consegui convencer alguns colegas que eu não estava preparado para ficar ali, pois não havia levado nada comigo, nem sequer escova de dentes. Devia ir até à pensão, ali perto. O brutamontes que guardava a entrada com a metralhadora liberou minha saída. Fui até à pensão e não voltei mais.

Obviamente, ficamos sem aulas durante todo o tempo em que o prédio da faculdade esteve ocupado pelos alunos. Estávamos em final de semestre, próximo das férias de julho. Quando as férias terminaram, o prédio ainda estava ocupado, apesar de todas as ameaças das autoridades. Havia preocupação quanto à depredação de patrimônio, que envolvia obras de arte, além dos livros que compunham as bibliotecas. A polícia cercou o prédio, enquanto tentava negociar a rendição dos ocupantes.

Enquanto isso, fiquei sem poder mudar-me para o apartamento no campus da USP, pois eu não havia retirado a carta de apresentação feita pelo Centro Acadêmico. Surgiu, porém, uma alternativa melhor ainda. Informaram-me que havia um prédio de cerca de doze andares, na Avenida São João, que era do Centro Acadêmico XI de Agosto, destinado aos alunos pobres do interior. Era a Casa do Estudante, apelidada de Ninho das Águias. Ali também não se pagava nada, a não ser uma quantia simbólica. Os apartamentos de dois quartos e banheiro comportavam três alunos cada um. A vantagem era grande, pois ficava próximo ao centro. Eu poderia ir a pé até o banco onde trabalhava. Fui conversar com o diretor da Casa do Estudante. Não foi difícil conseguir vaga. O diretor pediu-me para voltar no dia seguinte, quando me informou que eu poderia ocupar o apartamento 52, onde já estavam dois outros estudantes. O prédio era velho, mal conservado e sujo. Havia um zelador, que estava ali havia muitos anos e era elogiado pelos alunos, por ser muito dedicado e paciente. Enquanto descia pelo elevador barulhento para voltar à pensão, onde deveria fazer as malas, indagaram-me em qual apartamento eu iria ficar. Ao responder que era no 52 ficaram com cara de dó e desejaram-me boa sorte. Curioso, indaguei se havia algum problema. Responderam-me com franqueza, explicando que ali moravam os dois alunos mais bagunceiros da faculdade. Bebiam, não dormiam à noite, não estudavam e só aprontavam. Um já havia sido jubilado e o outro estava prestes a ser expulso da faculdade. Aconselharam-me a pedir ao diretor da casa que me arrumasse outro apartamento caso eu não conseguisse me entender com eles. Resolvi encarar a situação.

Ao chegar com as malas na Casa do Estudante, deram-me a chave do apartamento. Fui até lá juntamente com o zelador e constatei que a porta estava aberta. Ela havia sido arrombada. No lado de dentro da porta havia marcas de facas. O zelador explicou que os ocupantes eram em pouco desleixados e que às vezes, bêbados, brincavam de atirar facas na porta. O banheiro estava imundo. Nas proximidades da válvula de descarga do vaso sanitário, que não tinha tampa, havia marcas no azulejo que um dia fora branco.

— Eles às vezes brincam de dar tiros para que a bala passe perto de quem está sentado no vaso, para ver quanto o coitado se encolhe. Um dia um deles arrancou o vaso e jogou-o pela janela. Foi colocado outro.

Um dos quartos estava desocupado, mas estava tão sujo que era impossível pensar em ocupá-lo sem uma faxina geral. O guarda-roupas estava todo quebrado. O outro tinha duas camas desarrumadas e um barril de chope enorme bem no meio. Sem dúvida, era o quarto ocupado por eles.

Comprei material de limpeza, arregacei as mangas e fiz uma faxina geral. Demorei a tarde toda, mas o quarto ficou em condições de ser habitado com um mínimo de dignidade. Coloquei minhas coisas no que restava do armário e, já noite, fui para a faculdade. Quando voltei, encontrei o barril de chope no meio do meu quarto. Lá estavam também as duas camas desarrumadas. Minhas coisas haviam sido jogadas no chão do outro quarto. Ajeitei meus pertences no quarto bagunçado, depois de uma rápida limpeza. Mal havia deitado, após o cansaço do dia, quando chegaram os dois bagunceiros. Entraram no meu quarto fazendo bastante barulho, acenderam a luz e um deles disse:

— Mudamos para o outro quarto. Ele estava mais limpo. Você fica aqui.

E riram pra valer.

Concordei com eles e tentei dormir. Tentei, porque não foi possível. Eles fizeram barulho a noite toda, bebendo e dando gargalhadas.

No dia seguinte procurei o diretor e pedi um outro quarto. Não foi preciso insistir muito. Parece que ele já esperava por aquilo. Disse-me que eu poderia morar no oitenta e um, que era bem melhor. De fato, encontrei lá dois colegas muito bons. Um, que ocupava sozinho o quarto menor, já estava formado e estudava para prestar concurso. Era calado, educado e estudava sem parar. O meu colega de quarto era um mineiro tranquilo, que trabalhava no Banco do Brasil. Levantava-se bem cedo

José Pedro Domezi

para trabalhar. O único problema é que ele gostava de ouvir músicas em volume alto, logo ao acordar, antes das seis da manhã. Tinha um toca-discos de boa qualidade e bons discos de vinil (LPs). Quando eu chegava à noite, depois das aulas, ele já estava dormindo. Então eu, para não o incomodar, acendia apenas a luz do banheiro e procurava dormir sem fazer barulho, pois sabia que ele acordaria cedo. Depois de algum tempo assim, já retomadas as aulas na faculdade, chegou a época das provas. Numa noite, precisando estudar para a prova do dia seguinte, acendi a luz do quarto e comecei a estudar. No dia seguinte ele pediu-me que não fizesse barulho quando chegasse e ele estivesse dormindo. Respondi-lhe que faria isso de bom grado, se ele não pusesse música de manhã cedo ao acordar. Ele entendeu perfeitamente a situação e passamos a conviver sem qualquer problema. Foi um bom colega e um grande amigo.

A retomada das aulas ocorreu depois de muito tempo de ocupação do prédio da São Francisco pelos alunos. No início do segundo semestre, não foi possível retomar as aulas, porque a ocupação continuava. A polícia havia cercado o edifício e tentava dialogar com os ocupantes. A imprensa acompanhava de perto toda a movimentação, com declarações de autoridades, professores, juristas e representantes de diversas entidades. Devido à ditadura que tomara conta do poder, as declarações eram todas pautadas pela prudência, para não incorrerem seus autores no perigo de serem considerados opositores do regime. Havia a preocupação de que a polícia invadisse à força as dependências da faculdade, para desalojar os alunos. Isso contrariava a tradição de considerar as "arcadas" como território livre, berço da formação jurídica, literária e política do país, que jamais fora objeto de qualquer incursão militar. Havia também a preocupação em manter-se íntegro o patrimônio da escola, ameaçado do lado de fora pelos militares e do lado de dentro pelos alunos. Enquanto isso, não havia aulas. Com o passar dos dias, o movimento estudantil foi enfraquecendo naturalmente, ante a desistência de parte dos alunos, pelo cansaço ou pelo temor de que pudesse acontecer o pior no caso da iminente invasão militar. A polícia havia ocupado o Largo de São Francisco com seus "brucutus", viaturas e muitos homens militares armados, os "milicos". Vários ultimatos foram dados aos alunos, enquanto se preparava a ação invasora. Chegaram a ser armadas barricadas e rastilhos de pólvora ao redor do prédio. Quando finalmente os poucos ocupantes chegaram à conclusão que era chegada a hora de desistir, engendraram uma forma de fugir à prisão iminente, o que representaria um sério risco à sua integridade física e até à própria vida. Havia um túnel secreto que ligava o interior do prédio da escola ao pátio do colégio dos padres, da ordem terceira de São Francisco, que se localiza logo abaixo do velho prédio da faculdade. Enquanto um líder do movimento mantinha um último diálogo com os militares, postado na sacada frontal do edifício, prometendo que a saída pacífica estava sendo preparada, um a um os alunos foram saindo pelo túnel. Quando o pelotão invadiu a escola não encontrou mais ninguém no seu interior. Todos haviam escapado.

Trinta e seis

para a família, a situação melhorava. Surgiu a possibilidade de compra de um terreno ao lado da casinha de meia água, que seria paga em parte com a venda da casa e o saldo em prestações mensais. O Toninho estava bem na função de auxiliar de enfermagem na Santa Casa. O Adelino trabalhava num açougue de propriedade do marido de uma prima. A Luzia e a Clélia já ajudavam trabalhando em casa, no acabamento de calçados femininos, serviço que era terceirizado por fábricas de calçados que começavam a ganhar importância na cidade. Assim, foi possível não apenas comprar o terreno, mas também construir uma casa maior, com três dormitórios. Foi o tio Luiz quem construiu. Foi erguida num terreno com entrada estreita, alargando-se nos fundos, feita com material de segunda categoria e pouco acabamento, mas finalmente era uma casa que podia abrigar toda a família com um mínimo de conforto. Era a realização de um sonho: todos os filhos estudando, menos a Laura, que estava casada, o Mauro estudando filosofia no seminário em São Paulo, eu na faculdade, os maiores trabalhando. O pai, sempre inconformado por não conseguir nenhum serviço, começava a sentir no corpo o desgaste de tantos sacrifícios e serviços pesados, aliado ao resultado de uma vida toda fumando cigarros de palha. Os pulmões estavam comprometidos.

Minha vida de estudante não era fácil e morar na Casa do Estudante, uma aventura. O único elevador quase nunca funcionava, por falta absoluta de manutenção. Uma vez, ao abrir a porta, dei de cara apenas com o poço vazio. Abri a porta e o elevador simplesmente não estava lá... Frequentemente ficávamos sem energia elétrica, por falta de pagamento e, em consequência, sem água. Chegávamos a ficar sem luz e água por quase uma semana inteira. Às vezes, alguns dos estudantes faziam ligação clandestina da água, mas logo era

José Pedro Domezi

descoberta e ficávamos novamente sem o precioso líquido. Não raro tive de comprar água mineral para lavar o rosto e escovar os dentes. Tomei alguns banhos na casa de parentes. Uma noite, após as aulas, comecei a subir as escadas, tateando na escuridão. Eu subia juntamente com um colega que era cego. Havia dois alunos cegos na faculdade naquele ano. Um, que era da nossa classe, era um dos alunos mais brilhantes. Gravava todas as aulas e estudava em livros escritos em braile. Sentava-se sempre na primeira fila de bancos, com a turma do "gargalo". Apesar de cego, ele fazia parte da equipe de alunos que imprimia as apostilas. Era datilógrafo. O colega que me acompanhava naquela noite era de outra classe. Era pobre e vivia com o dinheiro que conseguia fazendo massagens. Diziam que era um bom massagista. Subíamos conversando, enquanto eu ia apalpando as paredes e tentando adivinhar quando terminava uma escada, para contornar o espaço do elevador e subir o próximo lance. Nem me ocorria que para o colega cego as dificuldades eram as de todos os dias, com luz ou sem luz. Quando calculei que estava no sétimo andar, comentei:

— Como é duro não enxergar nada!...
Ele retrucou:
— Pra mim é normal... É como todos os dias.

Eu entrava no banco às sete da manhã. Meu trabalho era chato: recebia um maço de pequenas papeletas brancas, com anotações de apontamentos e de protestos de títulos. Meu serviço consistia em colocar todas as papeletas em ordem alfabética e depois arquivá-las, uma a uma, em pastas que também eram arquivadas em ordem alfabética, em gavetas de armários que compunham o cadastro do banco. Havia fileiras de armários que eu percorria, um a um, gaveta por gaveta, usando uma escadinha para as gavetas mais altas e agachando-me para as mais baixas. Ficava o dia todo fazendo isso. Almoçava numa pensão barata nas imediações. Eu trabalhava no banco em período de seis horas. À tarde, ao sair do banco, eu havia arrumado um "bico" de vendedor de livros. Ia de casa em casa, de escritório em escritório, oferecendo livros,

176

Confissões de um seminarista apaixonado

que dificilmente conseguia vender. Como aquela atividade extra não estava dando resultado, passei a ser vendedor de quotas de fundos de investimento, também indo de porta em porta. Nunca fui bom vendedor, e acabei por conseguir um trabalho no período da tarde, redigindo cartas de cobrança em uma empresa comercial. Depois de algum tempo, comecei a fazer um curso de inglês aos sábados. À noite, depois das aulas, voltava a pé para a Casa do Estudante. Lavava as meias na pia. As outras roupas eu mandava lavar fora, entregava-as a um velho aposentado do serviço público que havia ocupado uma casa apelidada de "castelinho", que fica na Av. São João, e que tinha a fama de ser mal-assombrada. A mulher dele é quem lavava.

Eu não ia a bailes, boates, bares ou qualquer outro tipo de diversão. Apenas participava de algumas reuniões da JUC – Juventude Universitária Católica, com um grupo de alunos da São Francisco. Tinha amizade com um colega de classe, um japonesinho falante. Sentávamos perto um do outro, na classe, e estudávamos juntos para as provas, quando era possível. Algumas vezes fui à casa da irmã dele, em finais de semana, para estudar. Outras vezes ele vinha até à Casa do Estudante. Entramos no coral XI de Agosto, um belo coral composto de cerca de sessenta cantores. Participei do coral durante todo o tempo da faculdade. Tínhamos alguns ensaios aos sábados e às vezes no meio da semana, à noite, quando era possível. O coral era uma atividade interessante. Participamos de muitas apresentações, não apenas em São Paulo, mas especialmente em cidades do interior e até de outros estados. O maestro era bom e conseguia patrocínios para apresentações em finais de semana, com ônibus, hospedagem e refeições. Nossas apresentações geralmente eram feitas em teatros ou salões nas noites de sábado, com músicas populares e clássicas. Aos domingos, costumávamos cantar nas missas. Geralmente éramos aplaudidos de pé, com pedidos de bis. Chegamos a gravar comercial de café, no Teatro Municipal de São Paulo. Antes da minha entrada no coral, foi gravado um "long play", no qual estão as famosas "Trovas Acadêmicas". Nossas viagens eram muito animadas, pois cantávamos quase sem parar. Quando havia alguma excursão que ocorria em dia de semana, geralmente uma segunda-feira ou uma sexta, eu deixava de participar, para não faltar ao trabalho.

Uma das excursões do coral foi em Itu, cidade do estado de São Paulo, onde há uma unidade do exército brasileiro e onde eu me havia apresentado para conseguir o certificado de dispensa do serviço militar. Chegamos à noite. O ônibus parou em frente a uma construção grande. Avisaram-nos que devíamos descer para jantarmos. Somente quando entramos nos demos conta de que se tratava de alojamento militar. As mesas estavam postas e tudo parecia estar bem organizado. Sentamo-nos. Começamos a ser servidos por soldados do exército uniformizados e silenciosos. O ambiente deixava transparecer algo de pesado e incômodo. Era estranho estarmos sendo servidos por soldados do exército, numa época de temível repressão estudantil. Naqueles tempos, não tínhamos o direito de associação. Qualquer reunião ou atitude que pudesse representar desconformidade com a ditadura militar era reprimida duramente. Colegas nossos haviam sido presos e torturados. Alguns, depois de presos, nunca mais foram vistos ou se soube do seu paradeiro. No entanto, estávamos lá, nós, estudantes bagunceiros, sendo servidos gentilmente por soldados uniformizados. Alguns colegas do coral deixaram o local logo que os soldados começaram a nos servir. No final do jantar, fizemos aquilo que costumávamos fazer em todos os lugares onde comíamos. Começamos a cantar. Imediatamente um grupo de quase a metade do coral retirou-se repentinamente. Na saída, ficamos sabendo que eles haviam voltado para São Paulo, indignados com o fato de termos cantado para os "milicos". Quando voltamos às aulas, na segunda-feira, o ambiente na escola era de guerra. Corria o boato que o coral havia sido extinto. Era uma afronta ter cantado para os milicos que matavam nossos colegas. Éramos vistos como traidores. Todavia, ficou clara a divisão política dentro da faculdade: de um lado, a esquerda, opositora do regime, e de outro lado, o CCC – Comando de Caça aos Comunistas. Esquerda e direita. As atividades do coral foram retomadas timidamente cerca de dois meses mais tarde, com menor número de participantes.

Trinta e sete

"chifrada" que eu havia sofrido da Lurdinha ainda me doía. Talvez por isso eu nunca mais tivesse arrumado namorada. Incomodava-me o fato de não ter namorada, mais do que a solidão. Apesar da tristeza, não conseguia chorar. Eu havia deixado o seminário porque achava que não conseguiria viver em comunidade, sem ter alguém com quem compartilhar meus sentimentos e afeições, e no entanto estava sozinho, incapaz de encontrar alguém para suprir essa necessidade. Mesmo assim, nunca me arrependi de ter deixado o seminário. Pelo contrário, ficava cada dia mais convencido de que havia feito a coisa certa. Somente nesse ano, o primeiro ano da faculdade, alguns meses depois de estar morando na famigerada Casa do Estudante, vi pela primeira vez na vida uma mulher nua. Eu tinha quase vinte e quatro anos de idade. A Casa era frequentada por algumas prostitutas, atraídas para lá mais pela necessidade de ter um lugar para passarem a noite, do que pela conversa dos estudantes. Uma dessas prostitutas fez um ligeiro *strip tease* para alguns estudantes reunidos num pequeno salão da Casa, antes de subir para o apartamento de um deles.

Por vezes os ocupantes da Casa exageravam nas "brincadeiras", para não fugir à tradição. Não era raro as pessoas que passavam pela calçada em frente ao prédio serem atingidas por baldes de água jogados das janelas dos apartamentos. Quando olhavam para o alto para tentarem descobrir o que estava acontecendo, tomavam novos banhos de água fria ou mesmo de mijo. Uma vez, no meio da noite, um grupo de estudantes interditou a pista da Avenida São João para jogar futebol no leito carroçável.

No dia do "Pindura", ou seja, no dia 11 de agosto, quando era praxe os estudantes procurarem os melhores restaurantes da cidade, comerem dos melhores pratos e no final mandarem "pendurar" a conta, era preciso ter algum advogado já formado para socorrer os estudantes que acabavam indo para alguma delegacia de polícia. Havia basicamente dois tipos de "pendura": a clássica, em que os comensais, após a refeição, apresentavam uma carta em que agradeciam pela refeição "gratuita" gentilmente oferecida pelo restaurante em comemoração ao dia de instalação dos cursos jurídicos no país; e a "primitiva", em que os comilões saíam correndo após a refeição. Nesse último tipo, os estudantes iam saindo de fininho do restaurante, dizendo que iam ao banheiro. O último estudante que ficava à mesa tinha de sair correndo ou enfrentar a fúria dos donos ou do gerente do estabelecimento.

No banco, já cansado da rotina de arquivar papeletas, pedi para ser transferido para outra seção. Mandaram-me para a tesouraria, onde trabalhei por alguns intermináveis dias contando e separando dinheiro. Ficava o dia todo contando: um, dois, três, quatro, cinco, seis, sete, oito, nove, dez. Um, dois, três.... Ao sair do banco, eu contava os passos até dez, contava os ladrilhos da calçada até dez, contava os carros que passavam até dez, contava tudo. Finalmente, fui designado para trabalhar no guichê do caixa, numa época em que estava sendo implantado o serviço de "caixa executivo". O caixa tinha de receber os cheques, conferir a assinatura com o cartão de autógrafos, consultar uma cartolina onde figurava o saldo do cliente, pagar o valor, lançar na cartolina o valor pago, calcular o novo saldo e lançá-lo na cartolina. Não me adaptei a esse serviço. Quando o chefe da tesouraria me informou que eu deveria ser transferido para outro serviço, fiquei preocupado, mas ele imediatamente informou que o banco estava selecionando funcionários para serem treinados nos serviços de câmbio e comércio exterior, pois seria aberta em São Paulo, uma carteira de câmbio. Inscrevi-me e fui selecionado. Fui mandado para o Rio de Janeiro, juntamente com mais quatro funcionários, para o treinamento na sede. Ficamos no Rio por trinta e um dias. De volta a São Paulo, implantamos o departamento de câmbio, onde passei a exercer minha primeira tarefa como chefe da seção de cobrança estrangeira. Passei a ter um novo funcionário sob meu comando e depois mais uma funcionária.

Almoçava numa pensão perto da Praça do Correio. Era um apartamento de propriedade de uma velha italiana, baixinha e gorda, que vivia dando bronca na empregada, uma ex-bailarina velha e sempre de cara amarrada. A comida não era boa, mas eu não conhecia outras pensões "familiares" e baratas. Almoçava conosco um funcionário de uma das corretoras de câmbio com quem o banco trabalhava. Um dia ele comentou comigo que o nosso gerente de câmbio estava "levando dinheiro" para fechar contratos de câmbio com outra corretora.

— Você tem certeza? – indaguei.

— Claro que tenho! A corretora onde trabalho não consegue fechar mais nenhum contrato com vocês.

— Isso é grave. Mas, prefiro não meter a mão nessa cumbuca.

No dia seguinte ele insistiu no assunto e novamente em outros dias.

— O gerente de vocês está recebendo comissão para fechar câmbio com a corretora X. Está recebendo X por cento.

— Por que vocês não denunciam isso ao gerente geral do banco?

— Já fizemos isso. Ele já está sabendo.

— Ótimo. Então o problema será resolvido.

— Claro. O gerente será mandado embora. Mas é bom você comentar isso com seu chefe, para que não digam que você, sabendo do assunto, tenha se omitido.

Fiquei em dúvida se devia ou não comentar o caso com alguém. Acabei por conversar com o contador, um senhor respeitável e admirado por todos, em quem eu confiava. Disse-lhe que eu não queria ser "dedo duro" e que, como havia sido informado por um funcionário de uma corretora, o assunto já havia sido levado ao conhecimento da gerência geral. Este imediatamente chamou o subgerente. Fizeram-me repetir o que eu ouvira do funcionário da corretora, mas acrescentei que o gerente geral do banco já estava sabendo do assunto, de acordo com o que foi informado pelo funcionário da corretora.

Dois dias depois, o gerente foi mandado embora. O subgerente assumiu imediatamente o lugar dele. Senti-me muito mal, porque ficou a sensação que eu havia "dedurado" o gerente. De qualquer forma, a vida continuou normalmente, exceto pelo fato de o novo gerente tratar-me sempre com desconfiança e com mais rigor do que os outros. Meu funcionário, filho de um senhor importante que trabalhava no Banco do Brasil, era um rapaz novo e moderno. Usava cabelos compridos e calça apertada com "boca de sino", moda vigente implantada pela turma da Jovem Guarda, do "iê-iê-iê", dos cantores Roberto Carlos, Erasmo, Vanderleia e companhia. Apesar disso, era um excelente funcionário. Um dia, o gerente chamou-me à sua sala e reclamou dos trajes desse empregado. Conversei com o funcionário, que retrucou que aquele era o jeito dele e que não cortaria o cabelo. Preferia ser mandado embora. O banco era rigoroso quanto ao vestuário. As mulheres usavam uniformes fornecidos pelo banco, enquanto os homens deveriam usar roupas discretas, paletó, gravata preta, sapados pretos e meias pretas. Quando o gerente reclamou, no dia seguinte, que o funcionário ainda estava de cabelo comprido, deixei claro que o funcionário não iria cortá-los. Preferia ser mandado embora. Então ele disse que estava decidido. Seria mandado embora. Tentei contornar o assunto, alegando que se tratava de um funcionário excelente, que nunca havia causado qualquer problema. Ele foi irredutível, chamou o rapaz na sua sala e deu-lhe o ultimato:

— Ou você corta o cabelo e veste calças mais apropriadas, ou será mandado embora.

— Então me dê as contas, porque eu não vou fazer nada disso. Não preciso do banco.

Foi demitido e eu levei bronca por não ter resolvido o problema.

Trinta e oito

Recebi uma carta da Lurdinha, propondo retomar o namoro. A essa altura, eu já sabia que ela havia se separado do empregado de circo e havia se juntado com outro homem, mas que igualmente não estava dando certo. Preferi não responder à carta, na tentativa de esquecer o namoro desastrado.

Na faculdade, os estudos iam bem. Havia muitas passeatas estudantis pelas ruas do centro da cidade, sempre sob a alegação que eram protestos pela reforma do ensino. Éramos convidados a participar. Participei de algumas, sempre reprimidas pela polícia, com gás lacrimogêneo e cassetetes. Comecei a notar que, apenas iniciada a passeata, surgiam grupos de líderes com frases do tipo "Abaixo a ditadura!" ou "Povo no poder!" O povo jogava papéis picados do alto das janelas dos edifícios, mas a atividade comercial no centro ficava prejudicada em razão do gás lacrimogêneo. Numa dessas passeatas, saindo do Largo São Francisco, percorremos as ruas centrais, passamos pelo Viaduto do Chá, Rua Barão de Itapetininga, Avenida Ipiranga e chegamos em frente à igreja da Consolação. O ambiente estava mais tenso que o normal. Haviam sido viradas e incendiadas algumas viaturas da polícia. Havia muitos participantes. Informava-se que o grupo entraria pela Rua Maria Antonia, para concentrar-se em frente ao prédio da faculdade de Filosofia, Ciências e Letras, que, por sua vez, ficava em frente ao prédio da faculdade Mackenzie. Havia rixa entre as duas escolas, pois o sentimento era de que a turma da USP era da oposição e a turma do Mackenzie, composta de "filhinhos de papai", era do CCC (Comando de Caça aos Comunistas), favoráveis à ditadura militar. Por essa razão haviam sido travadas verdadeiras batalhas entre os dois grupos, com arremessos de coquetéis "molotov". Avaliei que, se entrássemos pela Rua Maria Antonia, seríamos cercados pela polícia, sem termos para onde fugir, e resolvi que era tempo de cair fora. Felizmente o grupo todo percebeu isso, dissolvendo-se a passeata, sem maiores consequências.

Consegui passar em todas as disciplinas do primeiro ano, apesar das dificuldades enfrentadas por todos os colegas na matéria Introdução à Ciência do Direito, em que quase toda a classe havia recebido notas baixíssimas no exame do primeiro semestre. Estávamos fadados a exames de segunda época e talvez à reprovação. Felizmente para nós, o professor dessa matéria faleceu e foi substituído por outro menos rigoroso. No final do segundo ano, muitos alunos ficavam reprovados em Direito Penal. Naquela época, tínhamos exames escritos e orais, a cada semestre. Por vezes as provas se acumulavam e não havia tempo suficiente para estudar todas as matérias. Numa noite, após as aulas, sabendo que no dia seguinte teríamos prova de Direito Penal e tendo que estudar o conteúdo de um livro quase inteiro, comentei com meu colega de quarto que eu certamente ficaria reprovado, pois não haveria tempo de estudar a matéria. Ele retrucou que estudaria o livro todo.

— Eu não aguento. Chega uma hora que o sono bate...
— Só se você quiser – retrucou. — É só tomar um comprimidinho deste e estudar a noite toda.
— Nunca tomei remédio para não dormir. Não faço isso. Pode causar dependência...
— Não tem problema nenhum. Foi o médico que me receitou e não causa dependência. É só para ficar acordado.

Depois de alguma insistência e convicto de que não haveria nenhum problema em tomar um dos comprimidos, aceitei o convite dele para estudarmos juntos a noite toda. Foi um sucesso. Estudamos todos os capítulos, um por um, repassando toda a matéria. De manhã, sem ter dormindo nada, alegre com o fato de não ter sentido sono e convencido de que eu tiraria uma nota boa no exame, tomei banho e fui trabalhar. À noite fui para a prova. Sentia-me cansado, com a cabeça pesada. Quando li as questões da prova, tive uma sensação de desespero. Eu sabia que havia estudado tudo, mas não me recordava de mais nada. Fui mal e jurei que nunca mais tomaria remédio para ficar acordado. Estudaria o que fosse possível e o resto que se danasse. Com muito esforço, consegui preparar-me direito para o exame de final de ano e, no dia da prova oral, fiquei assistindo aos questionamentos dos colegas que eram chamados em ordem alfabética. Consegui com certa folga passar na temível matéria.

O terceiro ano era o pior. Quase todos os alunos ficavam reprovados em Direito do Trabalho. As aulas eram ministradas por um famoso e temível professor catedrático, com a ajuda de uma professora nas aulas de cálculos trabalhistas e de um professor estrangeiro, famoso jurista, em algumas aulas de jurisprudência. Ao longo do ano, fui me convencendo que eu necessariamente teria que deixar um pouco de lado uma das matérias, pois não conseguiria passar em todas. Resolvi então que eu poderia "carregar" uma "segunda época" em Direito do Trabalho, o que equivalia a um exame de recuperação. No ano seguinte seria mais fácil zerar tudo.

No início do quarto ano comecei a estagiar num escritório de advocacia no centro da cidade. Fui indicado por uma colega da faculdade. Era um escritório de tamanho médio para a época, em que havia três advogados sócios, um associado, uma estagiária já quase formada e alguns auxiliares. Foi um estágio bastante produtivo. Assessorava o advogado tributarista, mas auxiliava também na área cível e até na trabalhista. Minha vida virou uma correria. Entrava às sete da manhã no banco, onde eu era chefe da seção de Cobrança Estrangeira. Saía correndo à uma da tarde, almoçava correndo e disparava para o escritório, onde eu deveria estar a partir das treze e quarenta e cinco. Lá chegando, eu recebia as incumbências do dia, que implicavam sempre em ir a várias repartições públicas ligadas a assuntos fazendários: Inspetorias da Receita Federal, Secretaria da Fazenda Estadual, Municipal, Fórum Federal e por vezes Juntas e Delegacia do Trabalho. Preparava algumas petições simples e corria pela cidade, sempre a pé, porque de condução não daria tempo, a não ser para ir às repartições da Receita Federal que eram descentralizadas. Uma em cada bairro importante da cidade. Então eu pegava ônibus. Ao final da tarde, voltava ao escritório, relatava as atividades do dia e saía correndo após às dezoito e trinta, para ir à faculdade, onde eu deveria estar dentro da sala de aula antes das dezenove horas e dez minutos. Um dia o gerente de câmbio do banco me interpelou na frente dos demais funcionários, dizendo que eu deveria abandonar a faculdade e dedicar-me apenas ao banco. Completou:

— Comigo, o funcionário concursado tem que trabalhar o dia todo. Esse negócio de trabalhar de manhã no banco e fazer estágio à tarde tem que acabar.

Retruquei que era normal no banco fazer isso e que muitas pessoas assim o faziam.

— Comigo não. Você tem que optar: ou o banco ou a faculdade.

— Então eu terei que optar pela faculdade.

A partir desse dia, ele tirou-me o cargo de chefe da seção, colocando em meu lugar um dos meus dois funcionários. Passei a ser subordinado de meu subordinado e depois fui designado para auxiliar na Seção de Exportação. Mas, não pedi demissão e não recusei qualquer serviço, procurando fazer tudo corretamente.

O ambiente ficou um tanto pesado, até que eu fiquei sabendo que havia surgido uma vaga para trabalhar na área de contratos. Era uma área que de certa forma fazia parte da área jurídica do banco, porque era subordinada ao único advogado que a filial do banco possuía em São Paulo. Conversei com o advogado, que ficou feliz com minha proposta de trabalhar com ele. Fui então falar com meu gerente, para comunicar que eu seria transferido para a área de contratos.

— Funcionário meu não sai para trabalhar em outro departamento.

Confissões de um seminarista apaixonado

— Mas aqui eu não estou sendo bem aproveitado. Lá eles precisam de mim e querem que eu continue com a faculdade, pois ela é útil na função que vou exercer.

— Mesmo assim, você não vai.

— Então vou falar com o gerente geral.

Ele pensou um pouco e finalmente disse:

— *Tá* bom. Pelo bem do banco você pode ir, mas fique sabendo que não gosto de perder funcionário para outros departamentos.

Finalmente, eu via que estava começando a fazer carreira no banco, na área que havia escolhido. Em pouco tempo dominei todo o serviço relativo à redação e controle dos contratos do banco, que eram datilografados. O advogado, que trabalhava no banco apenas na parte da tarde, passou a gostar do meu trabalho e confiar em mim. Além dos contratos, começou a passar outros serviços, inclusive forenses.

No quarto ano de faculdade, estudei muito, especialmente Direito do Trabalho, que o professor catedrático chamava de Direito Social. No exame escrito, no final do ano, calculei minuciosamente tudo o que eu deveria saber para tirar a nota necessária, já que não conseguiria estudar tudo: teoria, cálculos trabalhistas e jurisprudência. Eu já havia conseguido um ponto de bonificação com os trabalhos relativos ao estágio na Junta de Conciliação e Julgamento e na Delegacia do Trabalho, feito a duras penas, fugindo às pressas do serviço, correndo para as repartições, pegando processos, escondendo-os numa pasta para levá-los para casa para resumi-los à noite e devolvê-los sub-repticiamente no dia seguinte. Só o relatório do estágio na Junta, que devia ser todo manuscrito, compunha-se de cem páginas de papel almaço. Calculei que, acertando os cálculos trabalhistas e a jurisprudência, eu tiraria e nota necessária e ainda sobraria alguma coisa. A teoria era muito extensa, comportando a necessidade de decorar definições de autoria do professor catedrático. Ele costumava dizer para os alunos que davam definições que não eram as dele, mesmo que certas:

— Muito bem. Agora dê a "minha" definição.

Fui para o exame oral confiante. O exame era feito na sala de aula, na presença de outros alunos. Fui mal na parte teórica, como era esperado, mas fui bem em jurisprudência. Se eu acertasse os cálculos, passaria. Tive azar. O cálculo que eu deveria fazer envolvia uma porcentagem, que eu fiquei em dúvida se era 30% ou 33%. Tive que optar e optei errado. Mesmo assim, segundo meus cálculos, minha nota seria superior a quatro e meio. Eu precisava apenas de quatro para passar. Aguardamos a conclusão do exame, para saber as notas, que eram lidas pelo professor, como se fosse uma sentença judicial. Quando chegou a minha vez ele disse:

— O senhor tirou 4,75. Infelizmente o senhor está reprovado – disse acentuando o REPROVADO. O regulamento da cadeira de Direito Social do Trabalho estabelece que o aluno que tirar nota inferior a 5 em exame oral de segunda época fica reprovado.

Foi uma estupefação geral. Ninguém sabia que existia um regulamento especial para a cadeira dele e muito menos que era preciso tirar pelo menos 5 em exame oral de segunda época. Não havia o que fazer. Ele era catedrático e respeitado. Tive que carregar a matéria como "dependência" no ano seguinte.

O meu amigo japonesinho ficou reprovado em várias matérias e, enquanto eu fui para o quinto ano, ele teve que fazer novamente o quarto. Fora o Luizinho, ele era praticamente meu único amigo com quem eu tinha bastante contato. Porém, frequentando outras classes, os contatos com ele foram diminuindo.

Trinta e nove

Na volta de uma das minhas viagens a Jaú, sentei-me ao lado de uma jovem, no ônibus. Embora não fosse do meu feitio, fiz um comentário qualquer a respeito do tempo. Começamos a conversar. Era professora, morava em Jaú e lecionava em São Paulo. Ia para Jaú a cada semana ou a cada quinze dias. Em São Paulo, morava com um tio. A conversa fluiu bem, durante toda a viagem. Quando chegamos à rodoviária em São Paulo, ela quis conversar ainda mais um pouco. Ela disse que havia gostado de mim e que devíamos nos conhecer melhor. Eu não a considerava muito atraente, mas não recusei o convite para nos encontrarmos no sábado seguinte no horário e local sugeridos. Afinal de contas eu estava sozinho e nunca tive nenhum envolvimento com namorada depois da Lurdinha.

Começou um romance quente para os meus padrões da época. Fiquei assustado, pois eu nem sequer sabia se gostava dela. Havia algo de esquisito no ar. Num dos nossos vários encontros ela comentou que não poderíamos continuar a nos ver, por alguma razão que não explicou, fazendo ar de mistério. Mesmo assim, fez questão de marcar novo encontro para a próxima semana, quando ela explicaria o motivo. Perguntei se ela era casada. Ela negou categoricamente. Nossos encontros ocorriam somente nos finais de semana, pois ela lecionava fora da capital. Quando indaguei, na semana seguinte, o motivo da preocupação dela, mostrou-se reticente e perguntou-me:

— Se eu dissesse que sou casada, o que você faria?

— Nada. Me despediria de você e continuaria minha vida de antes, como se nada tivesse acontecido.

— Não sou casada, não.

Na semana seguinte ela acabou por confessar que era casada, mas que amava a mim e não ao marido. Mesmo eu não estando muito envolvido com ela, aquela revelação me deixou perplexo. A lembrança da Lurdinha martelava na minha cabeça. Eu realmente não tinha sorte com namoradas. Disse-lhe que eu guardaria boas lembranças dela, mas que não nos encontraríamos mais.

Alguns dias depois recebi um telegrama, em que ela implorava para eu ir encontrá-la na rodoviária, pois precisava muito conversar comigo. Fui. Não havia nada de especial em conversar. Ela queria apenas continuar a se encontrar comigo. Revelou-me uma preocupação nova: ela achava que o marido havia lido o texto do telegrama que ela me enviou e havia deixado sobre o criado-mudo antes de levá-lo ao correio. Dessa vez fiquei apavorado. Pensei em ir a Jaú e conversar com o marido dela, para explicar-lhe que quando a conheci não sabia que ela era casada. Mesmo assim, nada de mais havia acontecido entre nós. De fato, fui a Jaú e ensaiei procurar o marido dela na empresa onde ele trabalhava. Desisti quando já estava na portaria da empresa, imaginando as consequências da minha atitude e a possibilidade de ele não estar sabendo de nada. Fiquei na minha. Se ele me procurasse, eu explicaria. A partir de então, eu recusaria terminantemente qualquer novo encontro. Antes de voltar a São Paulo ela veio me procurar na casa dos meus pais, dizendo que eu era um moço extraordinário e que, já que ela não podia namorar comigo, queria apresentar-me uma colega de São Paulo, também professora, que era extraordinária como eu. Nós nos merecíamos e faríamos um ótimo casal. Achei a ideia meio louca, mas, para terminar a conversa rapidamente, disse-lhe que eu procuraria a colega dela. Deu-me o endereço e o telefone da Márcia.

Fiquei algum tempo sem ligar para a moça, porém ela me ligou e marcamos um encontro. Dessa vez tudo fluiu bem. Começamos um namoro sério. Depois de alguns meses, ela disse que queria terminar comigo, porque a professora de Jaú lhe confessara que me amava e continuaria a me amar por toda a vida, mesmo que viesse a me casar. Respondi que eu não gostava da amiga dela, mas sim dela. Continuamos o namoro por vários meses, sem nunca termos brigado, até um dia em que fiquei plantado por mais de uma hora em frente à casa onde ela morava, onde costumávamos nos encontrar para sairmos. Esses encontros eram sempre muito esperados por mim. Ela não estava em casa, mas deveria chegar a qualquer momento, pois vinha de uma cidade do litoral, onde lecionava. Quando finalmente ela apontou na esquina, estava acompanhada em um rapaz que eu não conhecia. Esperei que ela justificasse de alguma forma o atraso e saíssemos para namorar, como era de costume, mas ela simplesmente cumprimentou-me formalmente e argumentou que não havíamos combinado o encontro. Conversamos rapidamente e, ante a perspectiva de que não sairíamos, deixei chateado o local e ela entrou em casa juntamente com o rapaz. E eu nunca havia entrado na casa. Ainda tinha na memória a frustração deixada pela traição da primeira namorada. Na semana seguinte, convencido de que ela não tinha por mim os mesmos sentimentos que eu nutria por ela, achei que era o momento de rompermos o namoro, com o que ela concordou. Fiquei chateado mais uma vez. Eu havia gostado daquela moça.

Concentrei-me no trabalho e nos estudos. Minha vida era uma correria. Trabalhar no banco, comer às pressas na pensão, correr para o escritório, passar a tarde correndo para dar conta dos trabalhos externos, ir para a faculdade, estudar, fazer os trabalhos escolares. Toda essa correria era feita vestido com terno e gravata. Usei gravata no seminário, aos domingos; usei terno e gravata nos bancos onde trabalhei; usei terno e gravata na faculdade, onde esse traje era obrigatório. Por vezes, para protestar contra a obrigatoriedade da gravata, íamos às aulas com calças "rancheiras" e gravata, ou com "gravatinha borboleta".

O Luizinho e eu havíamos comprado um terreno cada um em Suzano, como investimento. Não era caro e poderia servir para gerar dinheiro, futuramente, como entrada na compra da casa própria. Eu havia prometido à Tia Jandira que não me casaria antes de estar formado, ter casa própria e ter meu carro. Ela riu, duvidando da minha promessa.

Minha família já não passava necessidades em Jaú e morava na casa construída pelo tio Luiz, estando já tudo pago. Comprei um televisor para eles, o primeiro que entrou em casa. Comprei também um jogo de sofá e levava algum dinheiro sempre que ia a Jaú. Meu irmão Geraldo estava inclinado a ingressar no seminário, tendo sido orientado a terminar antes os estudos de segundo grau.

No último ano de faculdade, comprei meu primeiro carro: um fusca usado, mas quase novo, que pertencia a um dos sócios do escritório onde eu estagiava. Tive que pegar financiamento, o que não foi fácil, pois o banco exigiu garantias. Devido à minha timidez, foi difícil conseguir fiança, mas uma colega do escritório, percebendo minha dificuldade, ofereceu-se para ser fiadora, enfrentando opiniões familiares contrárias. É claro que paguei o financiamento sem qualquer atraso. Quando comprei o carro eu ainda não tinha carteira de habilitação. Tomei aulas de direção à noite.

Depois do carro, era hora de adquirir a casa própria. Eu havia feito inscrição num plano de financiamento administrado por cooperativa ligada ao sindicato dos bancários. Paguei prestações durante três anos, até que fui sorteado para um apartamento num conjunto habitacional que seria construído no bairro do Alto de Pinheiros. Era uma região boa, embora distante do centro da cidade.

Quarenta

Mauro estava prestes a ser ordenado sacerdote, na congregação dos missionários da Consolata. De toda a nossa turma de seminaristas que havia começado os estudos em Jaú e depois foi agrupada com outros seminaristas de Santa Catarina e Rio Grande do Sul, restavam apenas dois: o Mauro e o Sabino, filho do colono italiano que morou em Erechim, no Rio Grande do Sul, que havia visitado quando estava com câncer. Era uma demonstração inequívoca de que era errado o método de arrebanhar seminaristas ainda crianças, mal saídas da escola primária. Também o Rubens, filho mais velho do João e da Maria, que estudou em um seminário em Minas Gerais, desistiu do sacerdócio antes de cursar filosofia e teologia. A ordenação sacerdotal do Mauro havia sido na igreja matriz de Jaú. Foi uma cerimônia bonita, à qual compareceu muita gente, inclusive o tio Neno e a tia Jandira. Alguns chegaram a comentar que era uma pena eu ter desistido, porque senão seria muito bonito ver os dois irmãos da roça sendo ordenados padres. Fiquei feliz por ele, mas continuei achando que minha decisão de sair do seminário fora correta. Somente depois da cerimônia ficamos sabendo que o Mauro sentiu fortes dores de dente o tempo todo, em razão de infecção causada por uma agulha retida no interior de um dente desde os tempos de seminário em São Manuel.

Prestes a formar-me, eu continuava sem namorada. Depois de formado, deveria deixar a Casa do Estudante. Isso não me preocupava, pois o apartamento no conjunto habitacional do Alto de Pinheiros estava quase pronto. O que me incomodava era a solidão. Eu não fora feito para ficar sozinho. Estava decepcionado com as mulheres. Pensei muito, perscrutando sobre a existência de alguém em quem eu pudesse confiar. Lembrei-me da Lurdinha Maria (outra Lurdinha!), prima de um primo e conhecida desde a infância na roça. Ela havia recebido uma boa formação e a conheci desde pequena. Soube que ela trabalhava na Santa Casa de Jaú. Um dia perguntei ao primo se ela estava namorando. Ele respondeu que achava que não. Quando lhe falei de minha ideia de conversar com ela sobre um possível namoro, ele tratou de falar com ela. Fui a Jaú, conversei com a moça e começamos a namorar. Encontrava-me com ela a cada quinze dias, pois era complicado ir toda semana. Chegava a Jaú no sábado ou na sexta à noite, mas ficávamos sem nos encontrar até à noite do sábado, porque ela trabalhava aos sábados e à tarde gostava de fazer as unhas e ir à cabeleireira. Íamos ao jardim, tomávamos um sorvete e depois ficávamos conversando dentro do carro. Nossa conversa não fluía muito. Antes das dez da noite eu devia deixá-la em casa. Nunca chegamos a namorar dentro da casa dos pais dela. Aos domingos pela manhã, quando ela não era escalada para trabalhar, podíamos nos encontrar para ir à missa e namorar mais um pouco. Após o almoço eu voltava a São Paulo.

Eu havia conhecido a Shirley no banco, ainda quando trabalhava no Departamento de Câmbio. Não sentíamos nada de especial um para com o outro, sendo apenas colegas de serviço. Às vezes conversávamos um pouco quando coincidia de tomarmos café na mesma hora. Havia, porém, um funcionário, chefe de seção, interessado em flertar com ela, que começou a convidá-la para tomar café mais de uma vez por dia. Numa dessas vezes, ela passou pela minha mesa e convidou-me para tomar café, pois não queria ficar a sós com o tal funcionário. Como não percebi a intenção do convite, respondi que havia acabado de tomar café, mas como ela insistiu, aceitei de bom grado. Depois disso, tomamos café juntos outras vezes, mesmo sem a presença do incômodo pretendente. Um dia tomei coragem e convidei-a a tomarmos um refrigerante numa lanchonete em frente ao prédio do banco. Começava a surgir algo entre nós. Ao pegar a carteira para pagar a conta, ela notou que nela havia uma fotografia. Ficou curiosa para saber de quem era. Tive que mostrar a foto da Lurdinha Maria e dizer que era minha namorada, que morava em Jaú, mas que era um namoro que não estava indo muito bem. Quando lhe perguntei se ela namorava, disse que sim, mas que igualmente não era um namoro muito sério.

— Pretendo ir a Jaú e terminar o namoro – disse-lhe. Ela riu maliciosamente, dando a entender que não acreditava.

Continuamos a tomar cafezinho juntos. No final de semana que se seguiu, fui a Jaú, disposto a terminar o namoro com a Lurdinha Maria, não tanto pela Shirley, mas porque de fato achava que o namoro não entusiasmava e não pretendia fazê-la perder tempo. Eu estava seriamente interessado em namorar para casar e via o tempo passar sem me convencer de que a Lurdinha Maria fosse o par ideal. Eu não conseguia processar a ideia de dizer a ela que deveríamos terminar o namoro porque eu não gostava o suficiente para casar. Como nunca brigávamos, teria que achar um motivo que não a ofendesse nem a deixasse chateada. Pensei em algumas coisas que eu sabia que ela não gostava. Ela pretendia estudar engenharia em Bauru, o que demandaria pelo menos cinco anos de estudos. Era fissurada nessa ideia. Portanto, seria normal pensar que não nos casaríamos antes de ela estar formada e que ela continuaria morando em Jaú e eu em São Paulo. Eu tinha certeza de que ela aceitaria facilmente a proposta de terminar o namoro em face dessas dificuldades. Deixei para conversar sobre isso no domingo, antes da volta a São Paulo. Disse-lhe que achava que deveríamos "dar um tempo" em nosso namoro. Ela pareceu surpresa e quis saber o motivo.

— É que eu já estou quase formado. Você vai começar engenharia em Bauru, o que vai levar cinco anos de estudos. É muito tempo para ficar vindo a Jaú nos finais de semana. Isso é meio cansativo.

Ela pareceu ficar triste e imaginei que esse argumento fosse suficiente para o rompimento, mas, para minha surpresa, ela retrucou:

— É. Entendo. De fato, enquanto eu fico aqui tranquila, você tem de viajar pelo menos a cada quinze dias. Em vez de vir a cada quinze dias, você pode vir apenas uma vez por mês.

— Isso é pouco para mim. Sinto-me muito solitário em São Paulo. Depois que eu estiver formado, ficará ainda pior, porque não irei mais para a faculdade.

— Você não gosta de mim? – indagou-me.
— Claro que gosto.
— Então eu desisto da engenharia.

Essa afirmação deixou-me sem terra para pisar. Eu nunca imaginaria que ela fosse desistir do sonho de ser engenheira. Então, para usar outro argumento que achei que fosse derradeiro, emendei:

— Além disso, já não sou mais tão novo. Cansei de morar sozinho e gostaria de me casar logo.
— Logo? Quando?
— É. Este ano me formo e terei que me mudar de onde eu moro. Teria que ser dentro de poucos meses.
— Tá bom. Então a gente casa.

Senti a vista escurecer. Não contava com isso e não era o que eu queria. Tinha que convencê-la a desistir, pois de outra forma ela passaria a dizer que iríamos no casar brevemente. Tentei uma cartada final. A vida toda dela fora vivida junto aos pais e irmãos. Nunca havia saído de Jaú e sem dúvida ela pretenderia que ficássemos morando em Jaú, onde estavam sua família e a minha.

— Tem mais uma coisa.
— Pode falar.
— Eu não vou me mudar de São Paulo. Lá há mais oportunidades para trabalhar e continuar estudando, se for o caso...
— Tá bom. Então a gente se casa e muda para São Paulo.

Tive vontade de chorar. Deu tudo errado.
Não consegui terminar o namoro e ainda ficou a sensação de que nos casaríamos em breve. Disse-lhe então que devíamos

pensar bem na situação, enquanto eu aguardava o final do ano até me formar. Voltei derrotado a São Paulo.

Na segunda-feira, a Shirley quis saber se eu havia terminado o namoro. Tive que dizer que havia tentado, mas que ainda não havia dado certo. Na próxima ida a Jaú, eu terminaria sem falta. Na semana seguinte, não fui a Jaú. Só de pensar no assunto dava-me um frio na barriga. Passei o fim-de-semana sozinho. Na segunda, quando perguntei à Shirley se ela havia se encontrado com o namorado dela a resposta foi afirmativa.

— Claro. Você disse que ia a Jaú terminar com a namorada e não terminou...

— Vou terminar. Só não consegui porque usei argumentos errados, mas na próxima semana vou ser mais claro.

Terminar o namoro era uma questão de honestidade para comigo mesmo e para com a Lurdinha Maria, mesmo que eu não começasse a namorar a Shirley. De outra forma, eu estaria "enrolando" e fazendo-a perder tempo, pois eu estava convencido de que o casamento com essa moça não daria certo. Fui a Jaú e abri o jogo logo no sábado. Pedi desculpas a ela e senti vontade de chorar. Perguntou-me se eu tinha outra namorada em São Paulo. Disse-lhe que não, mas que havia uma colega de serviço com quem talvez eu viesse a namorar, mas que essa não era a razão para terminarmos. Eu estava sendo honesto.

— Mas então nós podemos continuar a ser bons amigos e a nos encontrar, não é verdade?

— Acho melhor não nos encontrarmos mais. Já está sendo difícil o rompimento. Se continuarmos a nos ver, todos vão pensar que estamos namorando.

— Então vou pedir um favor. Pode?

— Claro. Você é uma excelente moça e nunca brigamos. Não vai ser agora.

— Daqui a quinze dias é a primeira missa do seu irmão em Jaú. Eu fui convidada e disse que ia. Eu não gostaria de ter que explicar a todo mundo que terminamos o namoro. Você poderia ficar comigo durante a cerimônia e o almoço e fazer de conta que ainda estamos namorando?

— Posso.

— Não precisa fazer nada. É só ficarmos juntos, como se fôssemos namorados.

— Não há nenhum problema. Devo isso a você.

Nos dias que se seguiram expliquei à Shirley tudo o que acontecera. Como eu havia terminado o namoro com a Lurdinha Maria, minha colega de banco também terminou com o namorado dela. Disse que não foi fácil, porque ele começou a chorar, mas que ela queria mesmo terminar aquele meio namoro, que não daria certo.

Antes da cerimônia em Jaú, fui visitar minha irmã Cecília na casa provincial das freiras onde ela estudava, no bairro da Pompéia. Convidei a Shirley para ir comigo e ela topou. Fomos recebidos pela irmã superiora, a quem apresentei a Shirley como namorada.

No sábado, assisti à celebração da primeira missa do Mauro em Jaú ao lado da Lurdinha Maria, como prometido. Fomos juntos à festa e nos sentamos à mesma mesa. Uma das freiras que nos recebeu no bairro da Pompéia, em São Paulo, estava na festa, pois a Santa Casa de Jaú era administrada pelas irmãs missionárias do Sagrado Coração. Foi constrangedor cumprimentar a freira ao lado da Lurdinha Maria, apresentando-a como minha namorada, sendo que na semana anterior eu havia apresentado uma japonesa, a Shirley, como namorada. Notei que ela ficou um tanto espantada, mas não havia como dar explicações. A Cecília mais tarde haveria de explicar o caso, se possível. Como aquela situação era um pouco incômoda para nós dois, começamos a circular individualmente entre as mesas e a servir outras pessoas, até o final. Despedimo-nos, desejando boa sorte recíproca.

A Shirley e eu tínhamos pouco tempo para namorar. Trabalhávamos juntos no banco na parte da manhã, à tarde eu ia para o estágio no escritório e à noite para a faculdade. Nos finais de semana eu tinha que fazer trabalhos e estudar. Ela ingressou numa faculdade, cursando matemática. Mas sempre arrumávamos um tempinho nos sábados à noite e domingos à tarde. Nossos encontros começaram a ser no apartamento em que ela morava, junto com um tio e uma irmã mais nova do que ela, no bairro da Liberdade. O relacionamento dela com a irmã e o tio, que era irmão do futuro sogro, era ótimo. Quase todas as semanas ela preparava um pudim, que eu levava para meu apartamento.

Não demorou muito para que, num sábado à noite, ao adentrar o prédio onde ela morava, fui abordado pelo zelador:

— Desculpe eu ter que dizer isso, mas o senhor não pode subir.

— Por qual motivo? Eu sempre subo.

— O dono do apartamento deixou ordens para não deixá-lo entrar.

Fiquei boquiaberto, sem entender o que se passava, mas falei:

— Nossa! Eu não sabia... E agora... por favor, pode avisar a ela que eu estou aqui embaixo?

— Como o senhor não sabia da proibição, hoje pode subir.

A Shirley já havia dito que o pai dela era muito "tradicional". Ele, como chefe de família japonês, era tratado de "senhor" pela própria esposa. Seguia outras tradições e costumes japoneses. Quando andavam a pé, ele costumava andar na frente e a esposa atrás. Quando tinha de dar alguma reprimenda em um dos filhos, ele chamava a esposa, dava a ela o recado e ela repassava a bronca. Portanto, eu já sabia que nosso namoro não seria aprovado por ele, pois a filha deveria casar-se com alguém de origem japonesa, por muitas razões, inclusive pelo fato de ela ser a filha mais velha.

Quando cheguei ao apartamento, o tio da Shirley, que era quem havia alugado e mantinha o imóvel, estava presente. Constrangido, desculpou-se pela ordem de proibir minha entrada, dizendo que estava apenas cumprindo o desejo do pai da Shirley, que não aprovava namoro com "gaidjim" (não japonês). Sabia que eu era um bom rapaz, mas era dever dele, como tio e responsável pela educação da sobrinha, zelar para que as orientações do irmão fossem cumpridas, especialmente em se tratando a filha mais velha. Argumentei que eu tinha as melhores intenções com o namoro, que estava disposto a casar-me em breve e que a Shirley havia falado sobre a contrariedade do pai. No entanto, havíamos conversado sobre isso e a Shirley estava disposta a casar-se com quem achava melhor para ela e não para o pai, embora tendo muito respeito por ele. Dessa forma, eu também respeitaria a proibição de entrar no prédio, mas, se ela estivesse de acordo, continuaríamos namorando e nos encontrando em outro local. Provavelmente no apartamento onde eu morava, na Casa do Estudante, que era um local menos apropriado para a presença de moças de bem, já que o prédio era frequentado por várias prostitutas.

Nesse dia, a Shirley e eu tivemos uma boa conversa. Ela dizia que estava disposta a contrariar o pai, namorar e casar-se comigo. Não tinha a menor intenção de casar-se com qualquer "nihondim" (de origem japonesa). Continuaríamos o namoro, deixando que o tempo contasse a nosso favor.

Comecei a ter contato com familiares dela, especialmente uma tia, chamada Rosa (mesmo nome da minha mãe), irmã do futuro sogro. Muitos parentes costumavam encontrar-se na casa dessa tia, que morava na Vila Mariana. A Shirley havia morado nessa casa quando veio de Valparaiso para São Paulo. A tia Rosa era uma dessas mulheres japonesas baixinhas, que não sabia ler e falar direito em português, mas que tinha um coração bem maior que o corpo. Alegrava-se com a presença de muitos parentes em sua casa, onde as pessoas almoçavam, passavam a tarde jogando cartas (buraco ou pife), jantavam e somente iam embora à noite. No início, eu ficava meio deslocado, porque todos os homens jogavam cartas e eu não sabia jogar buraco nem pife. Ficava então assistindo ao jogo ou conversando com as mulheres na cozinha, onde a mesa era sempre farta. A tia Rosa tinha o costume de colocar à mesa uma diversidade grande de alimentos. Foi nessa época que comecei a ter contato com comida japonesa. Um dia, olhando para a mesa, deparei-me com uma infinidade de iguarias desconhecidas. Optei pelo que me pareceu ser queijo fresco. Ao colocar na boca um pedaço, dei-me conta de que não era queijo, mas sim tofu, feito de soja. Tive vontade de cuspir, mas por educação engoli tudo. Riram educadamente da minha surpresa.

Aos poucos, fui me acostumando com algumas espécies de comida japonesa e com a ajuda da Shirley aprendi a jogar buraco, aquele jogo que de início me parecia uma chatice. A partir de então comecei a frequentar as mesas dos homens, que começaram a me tratar com mais familiaridade.

A tia Rosa era muito atenciosa comigo. Dizia que não entendia por que o futuro sogro não aceitava o namoro, sendo eu um rapaz educado e trabalhador. Além disso, ela de fato começou a pressionar o irmão a aceitar o nosso namoro, dizendo que a tradição de casar somente com japonês já não era tão respeitada no Brasil. Além disso, o namorado era um bom rapaz. A Shirley dizia que a tia Rosa era minha "puxa-saco", com o que sempre concordei, porque de fato ela fazia de tudo para ser agradável comigo. E sempre conseguia.

No último semestre da faculdade, senti que estava ficando estressado. Trabalhava muito e dormia pouco. Não estava aguentando a correria do estágio e a responsabilidade do trabalho no banco, além da preocupação de não ficar reprovado em nenhuma disciplina, o que retardaria a minha formatura. Resolvi encerrar o estágio no escritório. Embora ainda faltasse um semestre para concluir os dois anos de estágio programados, havia jeito de contornar a situação. Pedi demissão. O titular do escritório queria que eu ficasse e prometeu efetivar-me como advogado quando eu estivesse formado. Eu receberia um salário fixo e participação nos casos que eu apresentasse ao escritório. A proposta era boa, ante o progresso visível do escritório, mas havia alguns inconvenientes: eu teria que deixar o trabalho no banco, onde eu era concursado e tinha perspectiva de assumir futuramente o cargo de advogado; deixaria de ter depósitos na conta do PIS/PASEP; não teria os benefícios do INSS, tais como aposentadoria, férias, décimo terceiro e décimo quarto salários. Enfim, as perspectivas financeiras eram boas, mas não havia segurança. Àquela época, quando eu pensava no casamento, o que mais me preocupava tinha a ver com segurança. Depois de pensar por uns dois dias, comuniquei minha decisão de deixar o escritório. Meu chefe pediu-me então que eu apresentasse algum colega de faculdade para o meu lugar. Apresentei uma colega, que foi prontamente aceita. Pouco mais de dois anos depois, quando eu já estava casado e trabalhando em outro banco, recebi um telefonema dessa colega, indagando se poderia apresentar alguém para ser assistente dela no escritório. Ao perguntar sobre o salário, dei-me conta de que esse assistente iria ganhar quase a mesma coisa que eu estava então ganhando no banco. Fiquei até constrangido em perguntar quanto ela estava ganhando, pois sem dúvida estava muito bem, no lugar que poderia ter sido meu. Tudo indicava que se eu tivesse optado pelo escritório ao invés da manutenção do emprego no banco teria sido melhor. Mas, havia sido uma decisão pensada, visando à segurança e ao casamento e não havia motivo para arrependimento tardio.

Quarenta e um

inha formatura era a realização de uma das promessas que eu havia feito à tia Jandira: carro, casa e estar formado. Carro eu já tinha, um Fusca 66. Estava prestes a receber o apartamento, mediante um plano de aquisição da casa própria, junto a uma cooperativa habitacional controlada pelo sindicado dos bancários. Já havia pago prestações por cerca de três anos. O apartamento estava sendo construído num conjunto habitacional no Alto de Pinheiros. Seria um apartamento de sessenta metros quadrados, com três dormitórios, num dos muitos edifícios sem elevadores e sem garagem, mas havia espaço suficiente nas ruas internas do conjunto. Eu estava feliz com a perspectiva de receber o meu apartamento, num bairro nobre, mesmo que financiado em vinte e cinco anos.

A formatura, apesar de ser a realização de um sonho conseguida a duras penas, foi frustrante. Meus pais e irmãos não puderam comparecer à solenidade. Quando foi anunciado meu nome, quase não houve palmas ou aplausos, como havia para todos os demais formandos. Apenas a Shirley, o Luizinho e mais duas ou três pessoas ensaiaram algumas palmas tímidas. Percebi então que de fato eu não tinha muitos amigos. Não importava. Estava formado e eu era a única pessoa da família que havia conseguido essa façanha, além do Mauro, que já havia sido ordenado sacerdote, em solenidade feita na matriz de Jaú, à qual compareceram muitas pessoas, parentes, amigos, vizinhos, inclusive o pai, a mãe, a vovó, a tia Jandira e outros. O pai, na solenidade de ordenação sacerdotal do Mauro, já estava muito magro e abatido, mas sem dúvida devia estar contente e sentir-se realizado. Nessa ocasião, não pude evitar o pensamento de que eu também podia estar sendo ordenado padre juntamente com o Mauro. Teria sido uma festa dupla, de maior impacto na vida da cidade. Mas sempre achei que minha decisão de abandonar o seminário foi acertada. Agora, na minha festa de formatura, eu também devia estar contente, porque era advogado, formado pela melhor faculdade de Direito de São Paulo. Pensei nos meus pais, que sempre diziam que se eu não me tornasse padre, poderia ser um "devogado". Os sacrifícios deles tinham valido a pena.

Continuei morando na Casa do Estudante, mesmo depois de formado. Meus colegas diziam que não havia necessidade de mudar-me de imediato, pois muitos continuavam morando lá por até um ano após a formatura.

Passei com facilidade pelo Exame de Ordem, na Ordem dos Advogados do Brasil, que na época era um exame de comprovação de estágio. Houve uma prova escrita, que consistiu basicamente na elaboração de uma petição de recurso, numa das matérias pelas quais se podia optar, além de quatro ou cinco questões de resposta curta. A nota obtida nessa prova, aliada à nota obtida com os relatórios de comprovação do estágio, foi suficiente para passar, sem necessidade de fazer a prova oral.

Apesar de formado e inscrito na Ordem dos Advogados do Brasil, não consegui o cargo de advogado no Banco do Estado do Rio de Janeiro, antigo Banco do Estado da Guanabara, embora já trabalhando no Departamento Jurídico e sendo responsável pela área de contratos. O advogado do banco trabalhava apenas na parte da tarde e contava comigo para muitos serviços jurídicos, inclusive de ordem processual.

Fiquei sabendo que finalmente havia surgido a tão esperada vaga, mas que ela deveria ser preenchida por uma advogada do Rio de Janeiro, que – diziam – era protegida do Diretor de Recursos Humanos. Eu tinha então cerca de sete anos de serviços prestados a esse banco, era concursado, havia deixado o escritório para dedicar-me inteiramente ao banco e estava preparado para assumir a vaga. Decidi então que, se isso fosse verdade, era tempo de mudar de emprego, mesmo que isso representasse graves perdas, pois eu tinha estabilidade e nem sequer era optante pelo Fundo de Garantia por Tempo de Serviço.

Fui chamado à sala do gerente geral, que era a maior autoridade do banco em São Paulo. Ele comunicou-me que nos próximos dias chegaria uma advogada do Rio de Janeiro, a qual assumiria o cargo de advogada, mas como ela não possuía qualquer experiência na área, eu deveria ensinar-lhe o que sabia e assessorá-la em tudo. Mesmo estando preparado para esse fato, senti um calor interno apoderar-se de mim. Respirei fundo, esperei alguns instantes e disse-lhe que eu havia esperado muito por essa oportunidade, para a qual estava preparado.

— Pois é! – comentou. Mas essa vaga será preenchida por outra pessoa.

Disse-lhe então, com calma e respeitosamente, que ele deveria procurar outra pessoa para ensinar o serviço para a nova advogada, pois eu estava disposto a deixar o banco.

— Pense bem – ele retrucou. Você tem um bom emprego, é estável e algum dia pode surgir outra vaga.

— Essa vaga demorou muito para surgir. Se surgir outra, não se sabe daqui a quantos anos, ela poderá igualmente ser preenchida por outra pessoa. Portanto, estou decidido a sair do banco.

Fiz algumas exigências antes de assinar meu pedido de demissão, no que fui atendido, não sem relutância do gerente. Diante da possibilidade de eu ingressar com medidas judiciais para obter aquilo que estava pleiteando, ele cedeu.

Naquela época era fácil conseguir emprego. Em dois ou três dias eu já estava trabalhando num banco particular, no cargo de advogado e com salário melhor do que o que eu tinha até então.

Quando ficou pronto o apartamento que eu havia adquirido por via da cooperativa, fui vê-lo, juntamente com a Shirley. Ficava bem mais distante do local de trabalho, mas havia ônibus bem próximo do local. Era a realização de outro sonho. Finalmente eu estava formado, exercendo a profissão que havia escolhido, tinha um carro e tinha minha própria residência. Estavam cumpridas as três promessas. A família, em Jaú, estava em melhores condições do que jamais estivera.

É verdade que o irmão Adelino enfrentava sérias dificuldades, pois deixara de trabalhar no açougue de um primo para montar uma padaria, em parceria com o namorado da Luzia. Era um trabalho duro, que começava de madrugada e ia até tarde da noite. O pai estava muito doente. A mãe dizia que ele por vezes tinha certas crises, com ataques muito feios, que davam medo. Segundo o médico, ele tinha problemas nos pulmões e sofria de ataques epiléticos. Ele não tinha idade para aposentar-se. As tentativas de aposentadoria por invalidez foram infrutíferas. Numa de minhas idas a Jaú, fui com ele e o Toninho a uma consulta médica, pois me parecia óbvio que ele não possuía condições para qualquer trabalho. O médico foi curto e grosso. Disse que a doença dele não impossibilitava o trabalho, pois os ataques eram cíclicos e podiam ser controlados. Minha insistência foi inútil. Dessa forma, como o pai não podia ser aposentado por idade, e como não conseguiu aposentadoria por invalidez, jamais recebeu um centavo de aposentadoria, mesmo tendo trabalhado duro na roça desde menino. Naquela época não havia aposentadoria rural.

Conversei com a Shirley sobre minha intenção de nos tornarmos noivos. Antes disso, porém, eu gostaria de conhecer os pais dela e pedi-la em namoro. Ela ficou contente com a ideia do noivado, mas achou que não era boa a ideia de visitar os pais. Lembrou-me que o pai era bem "tradicional" e continuava não aceitando que a filha se casasse com um "gaidjin". Sugeri então que ela mandasse uma carta, preparando-o para uma futura visita nossa. A carta foi enviada, mas a resposta foi que se a intenção de ir a Valparaiso era pedir para noivar com um "gaidjin" era melhor não irmos. Resolvemos tornar-nos noivos, mesmo sem o consentimento do pai dela. O tempo deveria resolver o problema. Num feriado prolongado, fui de carro com a Shirley e a irmã dela até Araçatuba, distante uns quarenta e cinco quilômetros casa dos pais. Deixei-as na rodoviária e voltei, passando pela casa dos meus pais em Jaú.

Quarenta e dois

Nunca fui chegado a "curtir" a vida de solteiro. Achei que era tempo de casar-me. Manifestei para a Shirley a intenção de marcar a data de casamento, alegando que já estava preparado para isso e que eu deveria deixar de morar na Casa do Estudante. Ela riu e disse que eu estava apressado. Marcamos a data, mesmo sem conhecer ainda os pais dela. Quando a data estava próxima, começamos a pensar nos preparativos: festa, salão, lembrancinhas, etc. Havia muita coisa a fazer e tínhamos pouco tempo. Ela sugeriu adiarmos a data do casamento. Isso me deixava incomodado, mas era evidente a necessidade do adiamento.

Passados alguns meses, voltei ao assunto, sugerindo que o casamento fosse em setembro. Quando ela disse que eu estava muito apressado, respondi-lhe que eu sentia que se não casasse logo haveria o risco de desistir da ideia. Foi marcada a data do casamento e a agitação começou. Compramos quase todos os móveis em apenas uma loja de São Bernardo do Campo, onde recebemos de brinde os convites do casamento. Era um convite um tanto estranho, todo vermelho, mas era gratuito e nós precisávamos economizar tudo o que fosse possível. Os móveis não chegaram na data combinada, apesar de estar tudo pago.

Quando fomos a São Bernardo para saber dos motivos da demora na entrega, ficamos sabendo que a empresa havia requerido concordata e provavelmente ficaríamos sem as mercadorias, porque o dono pretendia fugir para o Líbano. Dirigimo-nos para a loja e conseguimos conversar com o dono, a quem explicamos nossos temores. Ele ficou furioso com o fato de algum concorrente ter relatado os fatos sobre a sua empresa e nos levou até uma fábrica, onde nos mostrou que havia móveis sendo fabricados, dizendo que eram os nossos. Prometeu-nos entregá-los num determinado prazo, que felizmente foi cumprido, mesmo que os móveis não tenham sido feitos com todo o capricho que esperávamos.

Já bem perto da data marcada, num outro feriado prolongado, muitos dos primos da Shirley resolveram ir a Valparaiso. A casa era grande, abrigando muitas pessoas, além do que havia ainda ali perto a chácara de um tio, onde eram acolhidos outros parentes. Resolvi ir também, pois era meu desejo conhecer o futuro sogro e, querendo ele ou não, pedir a mão da Shirley em casamento. Fomos então em seis carros.

Havia muita expectativa a respeito da reação do pai dela à minha presença. Todos sabiam que eu ia para formalizar meu pedido de casamento. Ao chegarmos, a Shirley me apresentou simplesmente como sendo o Zé Pedro, sem que houvesse qualquer reação de aprovação ou desaprovação. Não havia qualquer problema com a futura sogra, que sempre foi uma excelente pessoa para comigo. Todos sabiam que com ela não havia qualquer restrição. Acho até que ela tentava convencer o marido sobre a aceitação do casamento.

Os dias em que ficamos lá foram alegres. Jogávamos cartas, conversávamos, comíamos, tomávamos sorvetes. No último dia, eu ainda não havia conversado com o futuro sogro. Achei melhor deixar isso para a última hora, depois que o carro já estivesse pronto para partirmos. Dessa forma, se o ambiente se tornasse pesado, não haveria problemas, pois estaríamos de saída. Quando todos já estavam prontos, procurei um momento em que eu pudesse falar com ele a sós. Aproveitei quando se dirigia ao quarto para pegar alguma coisa e aproximei-me resoluto, dizendo que eu gostaria de falar com ele um pouco. Foi um momento inesquecível, pois quando me dirigi ao quarto, de repente vi todos saírem apressadamente de dentro da casa, que ficou mergulhada num silêncio aterrador.

Chamei-o pelo nome e disse-lhe que eu a Shirley nos amávamos e estávamos dispostos a nos casar, mas que eu gostaria de contar com a aprovação dele. Sinceramente, esperei uma reação negativa, mas, para minha surpresa, ele estava dócil. Disse que já estava esperando isso e que ele gostaria que ela pudesse continuar seus estudos e trabalhar, pois era o que ela sempre desejou.

— Quanto a isso não haverá o menor problema – retruquei.
— Acho muito bom que ela faça uma faculdade e continue a trabalhar fora. Isso dá mais segurança para os dois.

Ele concordou e apertamos as mãos. Quando saí do quarto, todos começaram a se aproximar, indagando como tinha sido a conversa. Meu semblante de alívio denunciava que tudo havia saído bem.

— Não houve qualquer problema.
— Tá vendo, eu já sabia!

Confissões de um seminarista apaixonado

A Márcia, aquela namorada amiga da professora de Jaú, havia me procurado por telefone quando eu ainda estagiava no escritório e, como eu não havia retornado suas ligações, ligou também para o banco onde eu trabalhava, querendo saber se eu estava formado. Mandou-me uma carta, querendo marcar um encontro. Como não respondi, ligou-me no banco novamente - não sei como conseguiu meu telefone - querendo marcar um encontro, mas recusei informando que eu estava com o casamento marcado.

Os preparativos para o casamento ganharam força. O apartamento onde morava a Shirley virou uma bagunça, pois ali estavam sendo fabricadas as lembrancinhas, que consistiam em uma orquídea, vasos, arranjos, flores artificiais, etc. A princípio, achei que a orquídea ficaria muito feia, mas a Shirley, minhas futuras cunhadas e amigas que trabalhavam nos arranjos riram e disseram que tudo ficaria bom.

Quando chegou o dia, tudo estava pronto. Meu sogro veio do interior e trouxe dois carneiros para a festa, que foi toda preparada e servida pelos parentes. Apenas o fotógrafo foi contratado. Mais de quatrocentas pessoas compareceram. Meus pais compareceram. Quando meu pai reparou na abundância de alimentos e enfeites comentou que era um "desperdício". Ele nunca havia visto uma festa daquelas. Expliquei-lhe que tudo fora preparado pelos parentes e o que sobrasse seria dividido com todos os que quisessem levar alguma coisa para casa. Tudo saiu bem. Eu havia cumprido a promessa feita à tia Jandira de somente casar-me quando estivesse formado, tivesse uma casa para morar e tivesse o meu carro.

Na lua de mel viajamos de fusca para Curitiba, Foz do Iguaçu e Assunção. Nossa intenção era irmos para a Argentina, passarmos por Bariloche e Buenos Aires. Fizemos amizade com um grupo de rapazes de São Paulo, que seguiam o mesmo trajeto que nós, e passamos a viajar juntos.

Certa noite, perto de meia noite e meia, após havermos jantado num restaurante à beira da estrada, quando estávamos no interior da Argentina, dirigindo em direção a Rosário, sofremos um acidente. Eu estava com sono e seguindo o carro de nossos amigos, que ia à frente, quando percebi que o carro havia desviado para a direita, entrando no acostamento. Naquela hora, eu devia estar dirigindo a cento e vinte quilômetros por hora. Era uma estrada boa, reta e sem subidas ou descidas.

Não entendi bem o que estava acontecendo, mas tinha certeza de que não havia dormido, apesar do sono. Tentei manter a calma e retornar para a pista, segurando a direção com firmeza, todavia o carro virou para a esquerda mais rápido do que eu queria, atingindo o acostamento do outro lado. Mantive firme a direção, procurando voltar para o meio da pista, mas o fusca estava desgovernado.

Capotou duas ou três vezes, deslizando de costas pelo asfalto, indo parar em pé e de ré, no acostamento do lado oposto ao da pista em que íamos. Quando tudo silenciou, virei-me para o lado da Shirley e perguntei se ela estava bem. Ela não havia sequer gritado. Bastante assustada, respondeu que estava bem. Olhei para a estrada e vi que havia uma porção de malas, sacolas e outros objetos espalhados pelo caminho. O vidro traseiro estava inteiro balançando no meio da pista. Abri a porta do meu lado e saí do carro, dizendo à Shirley que era bom ela descer também, mas ela não conseguia abrir a porta. Saiu pela porta do lado do motorista. Notamos então que o carro estava todo amassado e raspado, na frente, na traseira, no teto e no lado direito. A porta do lado do motorista não fechava mais e a do outro lado não abria. A estrada estava deserta.

Conseguimos localizar o triângulo e colocá-lo na pista, para prevenir possíveis novos acidentes. Em seguida, começamos a recolher as coisas que estavam espalhadas. Nisso, chegou um carro de porte grande, que vinha do lado contrário àquele em que trafegávamos e parou cuidadosamente à frente. Desceu um senhor e, solícito, indagou se estávamos feridos. Desceram também outras pessoas, toda uma família, e nos ajudaram a recolher as coisas. Quando se certificaram que estávamos bem, aconselharam-nos a procurar um lugar para passar a noite e trazer um guincho no dia seguinte. Mais do que isso, sabendo que não conhecíamos a região, o senhor disse que a alguns quilômetros havia uma pequena vila, onde haveríamos de encontrar um albergue para passar a noite. Insistiram em nos acompanhar até àquela vila e ajudar-nos na acomodação.

Nesse instante, chegou o carro de nossos amigos, que, percebendo que deixáramos de segui-los, retornaram para verificar o que havia acontecido. Quando chegaram, já estava tudo pronto para procurarmos o albergue. Aquela família argentina nos levou até à entrada do albergue e somente prosseguiu a vigem após

Confissões de um seminarista apaixonado

certificar-se que estaríamos todos acomodados, inclusive os nossos amigos do outro carro, que quiseram ficar conosco. Infelizmente não anotamos o nome ou o endereço dos amigos argentinos, que nos deixaram uma impressão muito boa.

No dia seguinte, contratamos um guincho e fomos até o local do acidente, onde percebemos que, quando o carro derivou para o acostamento, foi sendo feito um sulco no chão, demonstrando que havia quebrado o "facão" ou outra peça de sustentação da frente do veículo, desgovernando-o. Rebocado o fusca, convencemos nossos amigos a prosseguirem viagem, pois ficaríamos naquele local por uns dois ou três dias, o suficiente para que o carro pudesse funcionar novamente. Para agravar a situação, o fusca, na Argentina, era um carro importado e dependia de peças que seriam adquiridas em Buenos Aires.

O restante da viagem foi normal, apesar de suprimida do roteiro a ida a Bariloche, porque perdemos tempo e dinheiro. Além disso, devíamos andar devagar, pois o conserto fora provisório. Lembro-me de que havia sido colocado um amortecedor improvisado, que era maior do que o outro. E assim fomos até Buenos Aires, onde o veículo passou por novos reparos, exceto a pintura, o que nos causava o incômodo de explicar para muitos curiosos o que havia acontecido. Todos ficavam admirados ao saber que nada havíamos sofrido.

Como era difícil trabalhar e estudar ao mesmo tempo! Após vários anos trabalhando em departamentos jurídicos de diversos bancos, inicialmente na área contenciosa e depois em consultoria, e já convencido de que não deveria prestar concurso para a magistratura, mas sim aprofundar-me nas atividades ligadas às instituições financeiras, decidi que deveria fazer pós-graduação. Inscrevi-me para o curso de mestrado em Direito Econômico e Financeiro na Faculdade de Direito do Largo de São Francisco – USP. Passei pela entrevista com o professor titular da cadeira e do departamento, prestei exame de qualificação e fui aprovado. Surgiu um problema: as aulas tinham início às 17:15hs e meu horário de saída do banco era às 18:30hs. Fiz várias propostas para contornar a questão: entrar mais cedo, diminuir o horário de almoço, compensar o tempo nos dias em que não havia aula, etc. Mesmo optando por cursar apenas as matérias mínimas possíveis, apenas em dois dias por semana, não consegui obter a aprovação do chefe. Resolvi então que seria hora de passar por cima da decisão da chefia e falar diretamente com o diretor da área, que era uma pessoa muito culta e receptiva. Expliquei-lhe o problema e ele, com um sorriso calmo e confortante, disse:

— Não tem problema, Pedro. Vai fazer o pós-graduação. Eu falo com o seu chefe.

Os problemas de pulmão do pai agravaram-se e, quando finalmente ele seguiu o conselho dos médicos para deixar de fumar, a situação já era irreversível.

Numa segunda-feira de manhã, quando estava me preparando para tomar um avião com destino a Brasília, a serviço do banco, fui avisado que o pai estava internado na Santa Casa e estava muito mal. Cancelei a viagem e fui com a Shirley a Jaú, onde muitos parentes e amigos estavam no corredor, à porta do quarto onde ele estava. Estava consciente, respirando com a ajuda de aparelhos e, ao ver-me, implorou para que eu conseguisse que ele fosse para casa. Respondi-lhe que lá ele estava recebendo todos os cuidados necessários, mas que eu iria ver o que podia fazer. Conversei com o Toninho, que era enfermeiro na Santa Casa, a respeito da situação do pai. Ele, comovido, mostrou-me os resultados dos exames, dizendo que a situação era irreversível. O pai ia morrer. Podia demorar um hora, um dia, vários dias, mas não tinha como evitar.

Depois de algumas horas, fiquei com pena da mãe, que estivera com ele desde a véspera, sem dormir e sem comer coisa alguma. Com muito custo, convenci-a de que deveria ir para casa. Ela disse que não conseguiria comer nada, nem descansar, mas aceitou minha sugestão apenas preocupada com os filhos e pessoas que estavam em casa. Menos de uma hora depois, a Cecília entrou correndo em casa, dizendo que o pai estava morrendo. Corremos para a Santa Casa a tempo de ver os médicos lutando para ressuscitá-lo. Havia chegado a hora dele... Tinha apenas 58 anos.

A morte do pai foi muito sentida para todos nós da família, assim como deve ser para todos. Mas, a sensação de que ele lutou tanto, sacrificou-se tanto e sofreu tanto sem reter nada para si mesmo, acompanhada pela frustração de não lhe ter retribuído com mais atenção e carinho, é que incomoda mais. Sempre tive a impressão de que ele continua a se preocupar comigo até hoje.

Quarenta e três

hirley e eu estamos casados há mais de quarenta anos. É claro que a vida não foi fácil, pois ambos trabalhamos como bancários em tempo integral. Esperamos para ter o primeiro filho quando já tínhamos uma casa com um mínimo de comodidade e condições financeiras para dar a ele uma educação adequada. Essa foi a melhor lição deixada pelo pai: deixar uma boa educação aos filhos.

Acredito em anjos da guarda. Anjos encarnados em pessoas que nos ajudam. Se em todas as fases da vida pude contar com tais anjos, como o tio Neno e a tia Jandira, tivemos um anjo em forma de babá, a Dona Lourdes, que cuidou dos nossos filhos desde o nascimento até que se tornaram adolescentes. Nos anos difíceis em que moramos em Osasco, trabalhando em São Paulo, um outro anjo que fazia as vezes de pai, chamava-se Delfino. Uma pessoa que se preocupou com a gente e fez tudo para nos ajudar, com carinho e dedicação, só pode ser anjo. Outro anjo foi e continua a ser a Terezinha, nossa ajudante do lar, que mora conosco há quase trinta anos.

Nossos filhos, um engenheiro já casado e uma arquiteta coroaram nossas lutas e deram sentido a nossas vidas. Pena que o pai não viveu o suficiente para ver o neto mestiço, Fabiano, que foi o primeiro a nascer, e a neta Melissa, que chegou três anos depois. Uma netinha linda traz alegria à nossa casa e faz nossa vida mais intensa, provando que a felicidade existe.

Um dia emocionei-me ao ler uma bonita redação feita pelo Fabiano, no colégio Dante Alighieri, onde nossos dois filhos estudaram, cujo tema era o "fumo". Ele escreveu que não havia conhecido o avô, com quem gostaria de ter convivido, porque uma coisa o matou antes que o neto nascesse. Essa coisa era o fumo.

Nossa irmã mais velha, a Laura, ajudava o marido que havia aberto um açougue, costurando roupas para a vizinhança. Seu marido faleceu pouco tempo depois de haver descoberto um câncer no abdômen. Logo em seguida foi ela que ficou sabendo que também estava com câncer. Foi operada e sarou. Agora já é bisavó e ainda costura para ajudar na manutenção da casa e dar apoio aos netos, a quem sempre serviu de esteio.

O Mauro, após ter estudado na Itália, já padre, tornou-se pároco de várias igrejas em São Paulo, depois de ter se desligado da congregação onde estudou. Exerce de maneira brilhante seu sacerdócio, como padre diocesano, quase sempre em igrejas de periferia, onde gosta de trabalhar. Forma equipes de leigos, lidera movimentos de trabalhadores que se interessam por hortas comunitárias, produção de alimentos sem agrotóxicos, coleta de garrafas *pet* e outras atividades comunitárias. Sempre recusou cargos dentro da igreja e é estimado pelos paroquianos.

A Cecília, que igualmente deixou a congregação religiosa onde foi consagrada, por não compactuar com o estilo das obras, voltadas para a própria congregação e por querer dedicar-se à pastoral no meio popular, exerce como leiga o apostolado nas periferias da capital, lidera movimentos eclesiais de base, profere palestras e ministra aulas de História da Igreja em faculdades de teologia. Concluiu com brilhantismo o mestrado na Pontifícia Universidade Católica de São Paulo e depois doutorou-se em História das Religiões, na mesma universidade. Escreve livros e artigos.

A Luzia e a Clélia, ambas com três filhos cada uma, já avós, ficaram prematuramente viúvas e heroicamente tocaram a vida com as forças e a coragem transmitidas pelos pais.

O Toninho tornou-se um conhecido enfermeiro da Santa Casa de Jaú, onde trabalhou juntamente com sua esposa, até ambos se aposentarem. Extremado pai e avô, faleceu repentinamente em razão de problemas cardíacos, quando ainda exercia atividades ajudando e dando assistência a pessoas doentes e idosas. Ao dar entrada no hospital, disse aos enfermeiros que o atenderam:

— Estou enfartado e vou morrer.

O Adelino desenvolveu suas aptidões no comércio, transformando seu açougue em supermercado, onde deu emprego a vários parentes. Faleceu aos 58 anos de idade, de complicações

Confissões de um seminarista apaixonado

cardíacas, deixando muita saudade e exemplo de generosidade. Seu supermercado continua em plena atividade, dirigido pelos filhos que absorveram o exemplo e os conhecimentos do pai.

O Geraldo foi para o seminário dos padres redentoristas depois de moço, foi ordenado sacerdote diocesano e exerce atividades em paróquias e comunidades da periferia. Gosta de estar no meio dos pobres, vivendo por opção como um deles. Leciona filosofia em escolas de segundo grau e tem dom para escrever.

O caçula Carlos casou-se, é metalúrgico especializado e também já é avô.

Enfim, somos uma família unida, em que todos lutaram e conseguiram seus objetivos com as bases de educação recebida de nossos heroicos pais, filhos de emigrantes italianos. Não me tornei rico ou famoso, porém, graças a minha formação familiar e ao seminário, sou rico de felicidade.